^{8}G
6499

PREMIÈRE ÉDITION
1890

ANNUAIRE

TIMBROLOGIE

Renfermant plus de 3.000 noms et adresses de
Marchands et Collectionneurs
de timbres-poste de tous les pays du Monde.

ÉDITÉ PAR

Directeur du journal l'Écho de la Timbrologie
PARIS **PARIS**

 Prix : **4 francs**

DÉPOSÉ

AMIENS — IMP. YVERT ET TELLIER

PREMIÈRE ÉDITION
1890

ANNUAIRE
DE LA

TIMBROLOGIE

Renfermant plus de 3.000 noms et adresses de
Marchands et Collectionneurs
de timbres-poste de tous les pays du Monde.

ÉDITÉ PAR

Ed. FRÉMY

Directeur du journal l'Echo de la Timbrologie

57, rue de Bourgogne, 57, PARIS

Prix : **4 francs**

DÉPOSÉ

AMIENS — IMP. VVE T. JEUNET

ADRESSES

EUROPE

FRANCE

Agen (*Tarn-et-Garonne*)

Allègre, E., Commis des Postes.
Mathon, Boulevard Scaliger, 31.

Ailly-sur-Noye (*Somme*)

Domon, Adrien, Clerc de Notaire.
Lennuiey, Georges, Clerc de Notaire.

Albi (*Tarn*)

Ferstoss, L., Lieutenant au 143e de Ligne.

Alençon (*Orne*)

Laumonier, J., 84, rue de Bretagne.
Le Buan, Bureau des Postes et Télégraphes.

Amiens (*Somme*)

Dubois, Michel, 24, rue Pierre-l'Ermite.
Tellier, Th., 10, Galerie du Commerce.

Anduze (*Gard*)

Pestre, P., chez M. Noël, Officier du Génie en retraite.

Arcachon (*Gironde*)

Courrège, Alb., Villa Europe.

Armentières (*Nord*)

Bartier, A., 2 et 4, rue Notre-Dame.
Persyn, Th., 27, rue St-Augustin.
Turpin, Ch., Employé des Postes.

Arras (*Pas-de-Calais*)

Dupont, Paul, rue de la Madeleine.

Arsac, par Margaux (*Gironde*)

Baumevielle, G., Mlle.

Asnières (*Seine*)

Dreyfus, 10, rue Limandoux.
Lecerf, 15, rue Chanzy.

Aubusson (*Creuse*)

Guillard, Joseph, 37, rue des Tanneurs.
Perathon, Henry, rue St-Jean.
Rouyer, F., Grande rue.

Aubigny-sur-Nère (*Cher*)

Grégoire, F., Greffier de Paix.

Avignon (*Vaucluse*)

Deleuil, Agronome, 1, rue Piot.

Badonviller (*Meurthe-et-Moselle*) •

Jacquel, Ex-percepteur.

Bagnot, par Seurre (*Côte-d'Or*)

Savry, A., Instituteur.

Bar-le-Duc (*Meuse*)

Billoret, Louis, au Lycée.
Coppin, Ch., Capitaine au 8ᵉ Régiment de Chasseurs à cheval.

Bayeux (*Calvados*)

Tostain, Ch., rue de Port-en-Bessin.

Belhomert (*Eure-et-Loir*)

Renardt, A., Instituteur.

Belle-Ile-en-Mer (*Morbihan*)

Deschamps de pas, J., Commissaire de l'Inscription Maritime.

Bergerac (*Dordogne*)

De Meynadié, J., Chalet de Cocagne.
Tarel, R., Avocat, Château de la Beaume.

Bernay (*Eure*)

Leruen, P., fils, 36, rue Thiers.

Besançon (*Doubs*)

Labresson, 4, rue Proud'hon.

Beynac (château de), par Sarlat (*Dordogne*)

De Beaumont, C.

Béziers (*Hérault*)

Ellivedpac, A., 1, Avenue de Bessan.
Sans, Junior, 4, rue de Clairie.

Boissy St-Léger (*Seine-et-Oise*)

Legros, Henri, fils, 4, rue de la Fontaine

Bordeaux (*Gironde*)

Bursio, F. 9, rue Hustin
Chaumes, J., Poste Salinières.
Croes, Maison Geo. Regis et Cⁱᵉ.
De Rénéville, H., 14, rue Margaux.
De Zélicourt, R., 3, Cours l'Arbret.
Ducot, Joseph, Poste Salinières.
Ducot, Maurice, 44, rue Mazarin.
Durand, 28, rue Solférino.
Engerrand, G., 32, place Pey-Berland.
Gréau, E., 7, rue Saint-Etienne.
Massonneau, 70, rue du Tondu.
Molinier, Léon, 61, rue Leberthou.
Paranteau, E., 36, rue du Cloître.
Pouget, Marcel, 29, rue Millière.
Thiebault, G., 20, rue Nicot.
Touzis, H., 139, rue de la Trésorerie.
Servantie, Dʳ X., 31, rue Margaux.
Touchard, G., 34, rue St-James.

Boulogne-sur-Mer (*Pas-de-Calais*)

Dutertre, Dʳ E., rue de la Coupe.
Pilloss, Alph., 33, rue d'Artois.

Brest (*Finistère*)

Auffret, Emile, 25, rue de la Mairie.
Chastenet de Préfort, J., Directeur de la Cⁱᵉ Française du Télégraphe de Paris à New-York, Hôtel des Postes et Télégraphes.
Vacheront, A., Rampe, 35.

Briey (*Meurthe-et-Moselle*)

Blanchefort, Négociant en Vins.
Charroy, Fils.

Calais (*Pas-de-Calais*)

Lateux, Eug., 5, rue de la Mer.

CANNES (*Alpes-Maritimes*)
CHANEL, J., Avocat, Hôtel des Pins.

CASTRES (*Tarn*)
COLOMBIÉ, J., Aîné.
LAVAL, Paul, Propriétaire.

CAUDÉRAN (*Gironde*)
GILLARD, J.-A. 20, Cours Judaïque.
SCHMITT, (Mme). 97, Cours Judaïque.

CAYEUX-SUR-MER (*Somme*)
DE SEPTENVILLE, Paul.

CETTE (*Hérault*)
CAZALIS, Directeur de la Caisse Hospitalière, Grand'rue (en face le théâtre).
COUDERC, L., 2, rue des Pêcheurs.
PINCHART, A. Grand'rue Haute. 112.

CHALONS-SUR-MARNE (*Marne*)
BERNARD, Ingénieur.
BOITEL, Juge.
THUVENY, F., 20, rue Croix-des-Teinturiers.

CHAUMES (*Seine-et-Marne*)
HUSSON, E.
MORANT.
TODT, Lucien.

Grande CHARTREUSE, près Saint-Laurent-du-Pont. (*Isère*)
Le Frère VICTOR.

CHAVANGE (*Aube*)
BAUDRILLIER, A., Principal Clerc de Notaire.
CUISINE, Léon, Clerc de Notaire.

CHERBOURG (*Manche*)
DUTOT, 56, rue Montebello.
NOEL. Léon, 75, rue du Chantier.

CLERMONT-FERRAND (*Puy-de-Dôme*)
BLANC, A., 40, rue d'Aubière.
BRIDIER, S., 10, rue Neuve.

DE DOUHET, Ch., 13, rue des Gras
DIONIS DU SÉJOUR, Emm., 42, place de Jaude.
GACHASSIN, Louis, 4, rue du Lycée.
QUESTE, G., Professeur au Lycée.

COGNAC (*Charente*)
COURAUD. L.-P., 15, rue des Marchands.

COLOMBES (*Seine*)
CALMENT, Fils, Facteur des postes.

CONDOM (*Gers*)
MORTERA, Louis, Conducteur des Ponts et Chaussées.

DELLE (*Belfort*)
LEX-BELIN, Négociant en Vins

DENAIN (*Nord*)
HAMEL, J., Pharmacien.

DEUIL (*Seine-et-Oise*)
DELAPORTE.

DIEULEFIT (*Drôme*)
GRESSE, Elie, Employé.
NOYER, Elie, Caissier-Comptable.
SOUBEYRAN, Employé.

DIJON (*Côte d'Or*)
GUILLIARD, Ch., 20, rue du Petit-Potet.

DOMBASLE (*Meurthe-et-Moselle*)
GOBLET, A., Comptable 8, Cité Pirmez.
MARTIN, Théophile, Usine Solvay.

DOUAI (*Nord*)
BOIDIN, Louis. 12, place du Palais.
BOULCOURT. fils, 5 bis, rue des Fransures.
BREGÉ, Fernand, 16, rue de Bellain.
COURMONT, G. fils, 7, rue de l'Université.
DABLINCOURT, 51, rue du Canteleu.
DECARPENTRY, A., fils, 4, place St-Jacques.
DEGORGE, 17, rue de l'Abbaye-des-Prés.
DE GUÉMY, Pierre, 7, rue Victor-Hugo.
DELAOUTRE, P., Petite Place.

DÉROLIN, L., 10, rue de Lille.
DRUELLE. Emile, 1, Petite Place.
DRUELLE, Maurice, 6, rue d'Infroy.
DUPIRE, Amédée, 8, rue Saint-Christophe.
DUPIRE, Eugène, 5, rue Lewarde.
FONTAINE, 9, rue de la Massue.
GHEERBRANT, 4, rue du Grand-Bail.
GILLET, P., 38, rue de Bellain.
HADOU, Achille, Collège-St-Jean.
JOUANNO, Georges, 86, rue de Paris.
LAHOUSSE (l'Abbé), Professeur au Collège St-Jean.
MILLE (l'Abbé), Professeur de langues étrangères, rue du Canteleux.
PAIX, Edmond, 22, rue des Minimes.
PIETTRE, Ch., fils, 3, rue François-Cuvelle.
PROUVOST, Alphonse, Faubourg Notre-Dame.
VANDERCRUYSSEN, 16, rue de Paris.
VANROY, Louis, 20, rue des Foulons.

DUNKERQUE (*Nord*)

BOULY DE LESDAIN, Lucien, rue Emmery, 16.
DUBUISSON, Lucien, 7, Rue St.Bernard.
LEFEBVRE, G., 24, rue Neuve.
LÉGLISE, Gustave, 13, rue du Parc.

EPERNAY (*Marne*)

BARNIER, A., 5, rue du Moulin Leroy.
BLAISE, Henri, 15, rue Charuel.
BRACKENHOEFT, 19, rue des Tanneurs.
CALMESSE, 61, rue St-Laurent.
CHARLIER, A., 16, rue St-Laurent.
DELOUVIN, Ch., 84, rue du Haut-Pavé.
DIÉ, Victor, 10, rue du Donjon.
JACQUET,
JOUY, Jules, Recettes des Finances.
ROUALET, Henri.
WOLFF, G., 12, Rempart de la Tour-Biron.

Château de FABRÈGUES (*Hérault*)

GUIZARD, L., Conseiller Municipal.

FÉCAMP (*Seine-Inférieure*)

MERCIER, G., 157, rue Th. Boufart.

FERNEY-VOLTAIRE (*Ain*)

CAPT DE LA FALCONNIÈRE.

FOUGÈRES (*Ille-et-Vilaine*)

BOURDAIS, J., 27, rue Nationale.

GLOS-SOUS-LISIEUX (*Calvados*)

LECOMTE, Marcel.

GONDRECOURT (*Meuse*)

ZIEGLER, Curé.

GRENOBLE (*Isère*)

NICOLET, Victor. 17, rue Lesdiguières.

GUIGNE-RABUTIN (*Seine-et-Marne*)

HABAY, C., Chef de district.

LA CIOTAT (*Bouches-du-Rhône*)

FIDÈLE, Th., 1, rue du Petit Puéts.
GREGORIADES, G. D., Dessinateur aux Messageries-Maritimes.
MAURY, Lucien.

LA JUMELLIÈRE (*Maine-et-Loire*)

UZUREAU, F. C.

LAON (*Aisne*)

CHAUMONT, F., 42, rue St-Jean.
PROTAT, Fernand, 22, rue Chatelaine.
SAGE, L., 9, rue des Casernes.

LA ROCHELLE (*Charente-Inférieure*)

BLUTÉ, E., 1, Petite rue Rambaud.
RYARD, Postes et Télégraphes.

LA VALOUZE (château de), par la Roche-Chalais (*Dordogne*)

COMTE DE SAINT-SAUD.

LE HAVRE (*Seine-Inférieure*)

AEPPLI, Otto, Maison Louis Reinhart.
ALOT, M., chez MM. Marcel et Cᵒ.
ARIÈGE, 35, rue des Pincettes.
DÉHAIS, 5, rue Verte.
LANDFRIED, Hans, 19, rue Mexico.
LAUBLÉ, H., Maison Louis Reinhart.
LE CORNU, J., 49, rue des Pincettes.

LESOUT, Georges, Archiviste à la Sous-Préfecture.
MERCIER, Paul.
ROUSSEL, Joseph, 3, rue Molière.
SÉRÉ, P., 8, Impasse St-Michel.
SIMON DE BAILLOU, 51. rue de Bordeaux.
TILLAT, L., 28, rue Bernardin de St-Pierre.

LAVAL (*Mayenne*)

DE LA PORTE, J., 21, rue de l'Huisserie.

LEVALLOIS-PERRET (*Seine*)

BARTLETT, G., 11, rue de Cormeilles.

LILLE (*Nord*)

BRUNEAU, J., 96, rue Solférino.
BRUNEAU, L., 71, rue Nationale.
CALLENS, G., 1, rue Fontaine-Delsaux.
DELBECQUE, 105, boulevard de la Liberté.
DELÉCAILLE, Maurice, 82, rue Caumartin.
DUBOCAGE, G. H., 65, rue Caumartin.
DUBOIS, Victor, 57, rue St-Etienne.
DUPONCHELLE [Mᵐᵉ], 90, rue du Marché.
GÉRARDON, Ch., 22, rue de Loos.
HANUS-BRIELMAN, 6, rue Colson.
MAQUET, Emile, 25, rue Patou.
PICAVET, Éd., 95, rue de Wazemmes.
QUESNAY, Albert, 43, rue de Gand.
RIQUET, H., 68. rue Jean-Bart.
ROEDER, R., 11, rue P. Martel.
ZEYSSOLFF, 121, rue Nationale.

LYON (*Rhône*)

CRONHEIM, P., 20 bis, rue Godefroy.
DELMAS, Ch., 10, rue des 3 Maries.
FERRARIO, J., Maison Vᵉ Casartelli, 31, Quai de l'Hôpital.
GEOFFRAY, fils, 5, rue Henri IV.
KOEHLER, 27, rue Gasparin.
LEGENDRE, Éd., 5, rue Gentil.
PAYET, J., 56, Quai de l'Hôpital.
PENEY, (Mᵐᵉ), 3, place de l'Ancienne Douane.
PHILIBERT, H., 4, place du Petit-Collège.

RICHARME, J., poste restante.
THÉVENET, F., 11, rue Constantine.
TULIÉ, Edouard, 3, place Croix-Pâquet.
VIAL, V., père, 8, rue Tronchet.

MANOSQUE (*Basses-Alpes*)

JULIANY, J.. Fils.

MANSLE (*Charente*)

DELNUILE, G., Instituteur.

MARSEILLE (*Bouches-du-Rhône*)

CHAZOT, L.-G., 11, rue du Coq.
DUVERNOY, 2, rue du Chevalier-Roze.
EISSAUTIER, A., 18, Boulevard Baille.
HESSE, Lucien, 6, rue Papère..
MAURY, Aîné, 5, rue de Sion.
MICHIELS, Robert, 420, rue Paradis.
SOUMASTRE, L.. 12, rue Chevalier-Roze.

MAUBEUGE (*Nord*)

ARNAUD, Capitaine au 145e de Ligne.
GHISLAIN, E., rue Sainte-Barbe.
LANGE, H., Banque de France.
SANGE, J. 12, Marché aux Filets.
VERTRAY, A.. Fils, Faubourg de Mons.

MER (*Loir-et-Cher*)

HOURY, Alphonse.

MEAUX (*Seine-et-Marne*)

CARON, à l'Hôtel-de-Ville.

MÉZIÈRES (*Ardennes*)

HENRIOT, G., Capitaine au 91e de Ligne.

MILLAU (*Aveyron*)

GRUAT, L., 7, Boulevard de Layrolle.

MIRECOURT (*Vosges*)

CHEVRIER, Victor.
DUMONT, Victor, rue du Tir.

MONTAUBAN (*Tarn-et-Garonne*)

CROS, Alm., Commis des Postes.

MONTEREAU (*Seine-et-Marne*)

ESPIERRE, Employé des Postes.
PIGNOUX, Henri, Principal clerc de Notaire.

MONTIERENDER (*Haute-Marne*)

RENAULT-LÉAUTEY.

MONTPELLIER (*Hérault*)

BONNET, Emile, Avocat à la Cour d'Appel, 10, rue du Palais.
BOMPARD, Ch., commis des Postes.
BRUZY, F., 11, Boulevard Ledru-Rollin.
CALAS, fils, 1, rue Carbonnerie.
CHALLANDES, Marc, 26, rue du Manège.
D'ALBENAS, Jules, 20, Boulevard Jeu-de-Paume.
DE CONINCK, O., 8, rue Auguste Comte.
DURAND, F., 2, rue Durand.
GERVAIS, F., 29, Grand'rue.
KUHNHOLTZ-LORDAT, G., 6, rue Puits-du-Temple.

MONT-PLAISIR, près Nancy, (*Meurthe-et-Moselle*)

NEUKOMM, G.

MONTROUGE (*Seine*)

OLIVIER, 41, route d'Orléans.

MORET-SUR-LOING (*Seine-et-Marne*)

LESAGE, Georges, Propriétaire.
POPELIN, René.

MOULINS (*Allier*)

SAULNIER, D. G., 1, rue du Théâtre.

MOY (*Aisne*)

DRUBIGNY, Ed., Receveur des Postes.

NANCY (*Meurthe-et-Moselle*)

CHAIGNET, H., 26, rue des Dominicains.
KREMPF, L., 14, rue de la Visitation.
NYEGAARD, E., 1, rue de la Visitation.
RINCK, Ch., 15, rue des Tiercelins.
TISSOUX, Alb., 43, rue des Jardiniers.

NANTERRE (*Seine*)

Oswald, Régis, 15 bis, Avenue de Rueil.

NARBONNE (*Aude*)

De Martin, H., 12, rue de l'Ancienne Mairie.

NEUILLY (*Seine*)

Legrand, Dr., 136, Avenue de Neuilly.

NICE (*Alpes-Maritimes*)

Bartonneuf, 5, rue Notre-Dame.
Coatte, A., 12, rue Lamartine.
Defer, S. Jules, 46, rue de la Paix.
De Hastfer, N., fils, rue Dante, m. Tiranty.
Duringer, Lieutenant au 13e Bataillon d'artillerie de Forteresse.
Figueira, L., Cours Saleya, 11.
Giis, E., Contrôleur-adjoint des Douanes, attaché au Bureau de la direction.
Glairon, J., 25, rue Hancy.
Grutzmacher, 17, Boulevard Duboushage.
Hogg, Maurice, 7, rue Cassini.
Leriche, A., 5, Avenue de la Gare
Rosey, L. H., 28, rue Biscarra.
Rossi, André, 44, rue des Ponchettes.
Roux, P., Avenue Auber, Maison Blanchi.
Schier, Jules, Chef de réception au Grand Hôtel.

NIMES (*Gard*)

Grasset, J., 13, Quai de la Fontaine.
Sérasset, au Crédit Lyonnais.

NIORT (*Deux-Sèvres*)

Piet-Lataudrie, 9, rue du Petit-Banc.

NOD-SUR-SEINE, par Aisey-sur-Seine (*Côte-d'Or*)

Huguenin, H.

NOGENT-SUR-MARNE (*Seine*)

Quoi, Léon, 46, rue Paul Bert.

NUITS (*Côte-d'Or*)

Labouré, Hubert, 11, rue du Tribourg.
Léger-Belair, Félix.

Paris (*Seine*)

AMBROISE, 155, rue du Faubourg Poissonnière.

ASTRUC, Dorsan, 31, rue de la Victoire.

BARBARIN, J., 60, Boulevard St-Germain.

BAUDRY, P., 8, Avenue d'Orléans.

BEIL, Gustave, 64, rue des Batignolles.

BELLOC, (Mme), 136, Avenue Daumesnil.

BERNARD Frères, 60, rue de Provence.

BERNICHON, Jules, 20 bis, rue Louis-Blanc.

BERTRAUDON, 8, rue Renault.

BETBEDER, 11, rue Lemercier.

BIRGÉ, Ach., 25, rue Saint-Vincent-de-Paul.

BLOCH, Benjamin, 65, rue de Saintonge.

BORDAT, E., 75, rue Caumartin.

BOURSEY, J., 6, rue Demarquay.

BRESSON, Léon, 43, Avenue de l'Opéra.

BRUNSCHWIK, J., 23, rue Beaurepaire.

CAMINO, R., 28, rue d'Hauteville.

CARION, G., 18, rue des Moines.

CASSAGNES, 55, Boulevard Vaugirard.

CASSIER, E., 84, faubourg Saint-Denis.

CERLET, Henri, 26, rue Guilleminot.

CHAVAUDRET, G., 17, rue Bizet.

CHEMIDLIN, 50, Boulevard de la Tour-Maubourg.

CHEVAJBON, 4, rue de la Feuillade.

CHEVILLIARD, E., 18, place des Batignolles.

COTTIN, Joseph, 98, rue Ordener.

CHRISTOPHE, 11 *bis*, rue Demours.

CORBION, 29, rue de la Tombe-Issoire.

COURIOT, 94, rue de Grenelle.

CUZIN (Mme M.), 12, rue de Strasbourg.

DARETS D'ARDEUIL, H., 33, rue du Cherche-Midi.

DE FERRARY, 57, rue de Varenne.

DEGUY, 12, Avenue Bosquet.

DELACOURCELLE, E., 91, rue du Cherche-Midi.

DELAFAUNIÈRE, P., 80, rue du Cherche-Midi.

DELAHOGUE, E., 9, faubourg Poissonnière.

DELZENNE, J., 43, rue de Bourgogne.

DE MISSOLZ, E., 112, rue de Grenelle.

DE MONTILLE, R., 14, rue du Cardinal Lemoine.
DERVIN, 6, rue Notre-Dame des Champs.
DESPINASSE, E., 147, rue Oberkampf.
DESSALLE, L.-A., 2, rue Boutarel.
DEVOITINE, E., 72, rue Bonaparte.
DE WOLKOFF, (Baronne), 3, rue Meissonier.
DIESCHBOURG, N., 32, rue Cardinet.
DUBOIS, L,, 1. et 3, place de la Bourse.
DUCOS, 185, Faubourg Saint-Denis.
DUMAY, 5, rue Sainte-Croix de la Bretonnerie.
FÉLIX, (Mᵐᵉ), 39, rue des Batignolles.
FONTAINE, E., 330, rue de Vaugirard.
FORBIN, Alfred, 21, rue Vallette.
FOULADEAU, Jules, 42, rue de Maubeuge.
FOURMOND, M., 43, rue de la Chapelle.
FRÉMY, Ed., 57, rue de Bourgogne.
FULGRAND-OUY, Ch., 18, Avenue de Breteuil.
GELLI, G. et R. TANNI, 85, rue de Richelieu.
GILLES, J., 5, rue de Trévise.
GIRARD, L., 4, Avenue Bugeaud.
GIRARD, Fils, 28, rue Censier.
GIRARD, Julien, 42, rue de l'Echiquier.
GIRARDOT, 14, Passage Raguinot.
GIROD, Manny, 28, Gay-Lussac.
GOLDENBLUM, 21 et 24, rue des Messageries.
GOLDSCHMIDT, U., 15 bis, rue Marignan.
GOUTIER, J., 4, rue d'Amboise.
GRIGNARD, Geo. P., 17, rue Bergère.
GUIM, Paul, 16, rue Simart.
GUINET, Victor, 6, rue du Poteau.
HEFTY. Fils, 11, Avenue de la Grande Armée.
HELLSTERN, E., 40, rue Saint-Quentin.
HERLEMONT, H., 16, rue Chaudron.
HEYMEN, E., 38, rue de Châteaudun.
HIDALGO, Juan, 20, rue Taylor.
HIQUET, René, 22, rue Titon.
HUET, 11, rue Benouville.
HUOT, 125, Boulevard Montparnasse.
JANSSENS, A., 39 bis, rue de Châteaudun.
KRAMER, 83, rue de Maubeuge.

LALUBIE, Bertrand, 36, rue d'Alsace.

LANGLOIS, 24, rue Soufflot.

LAURENT, L., 158, rue de Grenelle.

LECLAIRE, chez MM. Goudchaux et Cⁱᵉ, 102, rue de Richelieu.

LEFORT, A., 78, rue Montmartre.

LÉGER, Louis, 77, Avenue des Ternes.

LEMAIGNAN, J., 149, Boulevard d'Italie.

LÉNARS, Arthur, 57-59, rue des Vinaigriers.

LE ROY D'ETIOLLES, Erard, 5, Avenue du Coq (rue St-Lazare)

LÉVY-ALEXANDRE, Alph. fils, 15, rue des Juifs.

MAHÉ, P., 57, rue de Châteaudun.

MAILLART, 34, rue Taitbout.

MALLET, Eugène, 84, rue la Condamine.

MARC, 41, Avenue d'Orléans.

MARMIN (Mᵐᵉ Vᵛᵉ), 30, rue Philippe-de-Girard.

MARSDEN, Hector, 25, Avenue de l'Opéra.

MASSÉ, 6, place de la Bastille.

MASSICOT, 68 bis, rue Réaumur.

MAURY, A., 8, Cité Malesherbes.

MEIER, Léopold, Fils, 8, rue Custine.

MIGUET, E., Fils, 1, Avenue Sœur Rosalie.

MONVILLEZ Armel, 4, rue de l'Amiral Courbet.

MORAL, Martin, 18 bis, rue de Bellefond.

MORO, 83, Faubourg Saint-Denis.

MOUILLON, A., Grands Magasins du Louvre.

OUARNIER, 5, Passage Chausson.

PARÈS, J., 28, rue Rochechouart.

PARROD, Xavier, 9, Boulevard Picpus.

PAVAGEAU, 78, rue Turbigo.

PEAULEJEUNE, G., 9, rue Martel.

PÉROT, Paul, 16, rue Montéra.

PERRIER, Constant, 8, Cité d'Hauteville.

PERRISSIN, 2, rue Perdonnet.

PETAIN, 91, rue Rochechouart.

PHILATÉLISTE PARISIEN (le), 25, Avenue d'Orléans.

PIERROT, E., 14, Boulevard Saint-Michel.

PINI, G., 50, rue de Richelieu.

PLANUS, Ed., 4, Passage de la Visitation.

POYET, Louis, 17, rue du Louvre.

PROVOST, 63, Boulevard Voltaire.

QUIVOGNE, 21, rue Cardinal-Lemoine.
RAGE, G., 2, rue Antoinette.
REUVER, C., 81, Boulevard de Clichy.
RATTON, Ch., 63, Passage du Hâvre.
ROBERT, Victor, 114, rue de Vaugirard.
ROUSSILLON, E., 94, rue Lafayette.
ROUSSIN, Ch., 9, Galerie d'Orléans, (Palais-Royal).
SAINT-CHÉLY, Ch., 87, rue Dulong.
SCHAUPMEIER, Ch., 6, Cité Trévise.
SCHMIDT DE WILDE, H.-E., 15, rue Saint-Simon.
SIANT, Marius, 8, rue des Petites Ecuries.
SIMIOU, A., 70, Quai de l'Hôtel de Ville.
SIYADE, M., 5, rue Damrémont.
SOTAIN, 15, rue de l'Abbé Grégoire.
TAILHADES, 4, rue de la Vrillière.
TERME, C., 26, Avenue des Gobelins.
THÉRY, D., 4, rue Boulle.
THUMIN, Frères, 7 et 9, rue des Filles-du-Calvaire.
TOUBON, P., et Cie, 7, rue d'Aguesseau.
TOURON, 28, Avenue Daumesnil.
TRITZ, 32, rue Rennequin.
VACOSSIN, Ed., 18, Cité Jolly.
VARNEY, A., 36, Quai Jemmapes.
VERVELLE, E., 48, rue Jacob.
VINCENOT, G., 17, rue des Saints-Pères.
WATEL, 32, Avenue Marceau.
WEBER, 37, rue Nollet.
WEHRLIN, 6, rue Crevaux.
WINCH Frères, 6, rue Royale.

PARTHENAY (*Deux-Sèvres*)

TURPIN, Georges, 19, rue Grande.

PAU (*Basses-Pyrénées*)

BINOT, J., Capitaine de Recrutement.
MAUFRET, Marcel, 2, place Grammont.

POITIERS (*Vienne*)

BOYER, M., 26, rue des Basses-Treilles.
DUCHASTENIER, M., 2, rue Cloche Perse.
TAFFORIN, F., 7, rue des Arènes.

2.

Pontoise *(Seine-et-Oise)*

Blanchet, L., 5, place de la Harengerie.
Sénéchal, L., 1, rue de l'Epée.

Précy-sur-Oise *(Oise)*

Lev..re, Henri, Huissier.

Provins *(Seine-et-Marne)*

Raphael (V°), rue Sainte-Croix.

Raismes *(Nord)*

Denoyelle, L., Licencié en droit, rue du Marais.

Reims *(Marne)*

Coco, A., Musicien au 132° de Ligne, Caserne Colbert.
Evaux, Marcel.
Genay, E.
Guissart, Ch., 15, rue Cazin.
Michaud, Léon, rue du Cadran-St-Pierre.
Mignot, Achille, 12, rue Clovis.
Secondé, Ch., 13, rue des Carmes.

Roanne *(Loire)*

Grangeon, Paul, publiciste.

Roubaix *(Nord)*

Desrousseaux, A., 24, rue d'Alsace.
Herchuez, Alfred, 123, rue du Tilleul.

Rouen *(Seine-Inférieure)*

Desmonts, 7, rue du Fardeau.
Gilet, Louis, 140, rue Beauvoisin.
Hubert, E., 10, rue de l'Epée.
Jazé, A., 48, rue Bouquet.
Lefer, Louis, 44, rue Parmentier.
Randon, 43, rue de la République.
Rivière, A., 40 bis, rue aux Ours.
Spinouse, A., 28, rue Ste-Croix des Pelletiers.
Taurin, J., 1, rue de l'Alma.

Sablé-sur-Sarthe *(Sarthe)*

Deguy, A.
Thomas, L., Receveur des Postes.

Saint-Cloud (*Seine-et-Oise*)

Formé, E., 1, avenue du Palais.

St-Cyr-du-Vaudreuil. (*Eure*)

Halgatte, Paul.

St-Dizier (*Haute-Marne*)

Feuillette, H., propriétaire.
Grandgeorge, commis des postes.

St-Etienne (*Loire*)

Bossakiewicz, S., 2, rue du Grand-Moulin.

St-Félicien (*Ardèche*)

Marce, Receveur des Domaines.

St-Martin-de-Brem par Landevieille (*Vendée*)

Crochet, S., Instituteur.

St-Martin par St-Justin (*Landes*)

de Nouaillan, Ch.

St-Martin-de-Noet par St-Justin-de-Noët (*Landes*)

Poncin, l'Abbé.

St-Nazaire (*Loire-Inférieure*)

Ledoux, poste-restante.

St-Omer (*Pas-de-Calais*)

Deschamps de Pas, J., 13, rue Notre-Dame.

St-Ouen (*Seine*)

Sauvageau, Receveur des Postes.

St-Quentin (*Aisne*)

Baelde, Elie, fils, 50, avenue Faidherbe.
Deloge, H.

Saint-Urcisse, par Saint-Romain (*Lot-et-Garonne*)

Montels, Ulysse, Maire.

Sarlat (*Dordogne*)

Roussarie, Elie, rue de la République.

Saumur (*Maine-et-Loire*)

Lévy, S., Fils, 26, rue d'Orléans.

Sceaux (*Seine*)

Dormier (Mlle).

Ségonzac (*Charente*)

Boutin, B. Jules.
Benedict, E. R., Maison Frapin et Cie.

Stenay (*Meuse*)

Vauthrin, P., Pharmacien.

Signy-le-Petit (*Ardennes*)

Lalance, L.

Tonnay-Charente (*Charente-Inférieure*)

Link, Ferdinand, Maison Renauld, Delage et Cie.

Toulon (*Var*)

Galliot, Dr., Place d'Armes, 9.

Toulouse (*Haute-Garonne*)

Bosc, Henry, Hôtel Claria, rue des Marchands, 33.
Minot, professeur, au Caousou.
Peytraud, R., rue Romiguières, 2.
Veyries, G., rue d'Astorg, 10-12.
Viscaro, M., rue d'Austerlitz, 1.

Tours (*Indre-et-Loire*)

Guerlin, Joseph, 14, rue de l'Intendance.

Trouan-le-Petit, par Mailly (*Aube*)

Prugnot, Instituteur.

Valence (*Drôme*)

Lalande, Avoué, 13, rue Neuve.

Vallon (*Allier*)

De Peufeilhoux, G.

Vannes (*Morbihan*)

Compagnon, Adjudant-Vaguemestre au 116e de ligne.

Vercland-Samoens (*Haute-Savoie*)

Vachoud, Victor, Instituteur.

VERSAILLES (*Seine-et-Oise*)

LHUILLIER, F., 69, rue de la Paroisse.
PAVILLET, L. 30, rue Satory.

VIC-EN-BIGORRE (*Hautes-Pyrénées*)

LAFITTE, (Mlle Marie).

VILLECERF (*Seine-et-Marne*)

PELLEGRIN, Notaire.

VILLE D'AVRAY (*Seine-et-Oise*)

MATHIEU, M., 4, Avenue de Balzac.

VILLEMONBLE (*Seine*)

CHARLES, E. 34, rue du Chemin-de-fer.

VINCENNES (*Seine*)

LEROUX, 19, rue de l'Hôtel-de-Ville.

VIRE (*Calvados*)

BALLÉ, Émile, 3, rue de l'Écluse.

ALLEMAGNE

AIX-LA-CHAPELLE

CROON-ROMER, Rudolf, Franzstrasse, 22
KARST, Robert, Secrétaire de la Société Philatélique.
SCHMITZ, P., Vereinsstr. 19, 1.

ALTONA

HARM, F. W.,

ALTWEISTRITZ près Habelschwerdt

PATZETT, Paul.

ALZEY

Roos, J., St. Georgenstr. 30.
REINHEIMER, Herm., Antonitterstr. 45.

ANSBACH (*Bavière*)

BRANDT, H., k-notar.
EICHINGER, Max, Hofbüchhandlung.
HANTSCHL, F. Josef.
MACK, M., Dr.
OECHSLER, Otto, Fabricant.

APOLDA

WETZLER, Franz, Dampffärberei.

ARNSBERG i/ WESTF.

MACK, Eugen.

AUE (*Saxe*)

BORRMANN,

BADEN

EDLER v. NEULINGER, Eduard, Franzensstr. 23.

BARBY A. ELBE

KRAUTER, Jr., Wilh.

BAYREUTH

KASTNER, Richard, Privatier.

BERLIN

BAB, Félix, Schillingstr. O, 27.
COHN, David, Linden-Strasse, 8, S. W.
FRANZ, M., Kreuzbergstr. 73, III.
GERLACH, H. G., Kurfurstenstr. 47, W. 35.
GRIEBERT, Hugo, 144, Oranienstr. S.
HAPPICH, Otto, Elbinger Str., 5. N. O.
HAYS Ernst, Friedrickstr. 108. I. N. 24.
HERZFELD Louis, Charlottenstrasse, 83, S. W.
HEYDEMANN, Postsecretair, O.17.
HOEFIG J. Wilh, Bergmannstr. 30, S. W.
HOFFMANN, E. Ingénieur, Hornstr. 13, S. W.
HUFF, Adalbert, Barwaldstr. 56, I, S. W.
HUNICKEN, Emil, Etudiant, Kornerstr. 7.
KALZ, August, Behrenstr, 59, W.
KOHL, C., Schmidstr, 42.
KUCKUK, C., Lützowstr. 16.

KUNAST, W., Unter den Linden, 15. W-64.
LAMPRECHT, F., S. W. 48.
LEHMANN, F., Rhenisbergerstr. 46. N. 54.
LENZ, Otto, Friedrichstrasse. 164-W.
LIETZOW, Paul, W. Jagenstr, 73.
LINDENBERG, (Le Juge régional), 47, Hagelsbergerstr,9. S. W.
LINDNER, Rich., Melchiorstrasse. 34, I.
LOESCHKE, C., Steglitzerstr., 65. W.
LUBLIN, G., Friedrichstr, 66, I él. W.
MAAS, P., Gneisenaustr. 20. S. W.
MOEHRKE, H., Potsdamerstr. 27 B. W.
MUCHE, Carl., Holtzmarktstr, 4. I. O.
MULLER, H., Kleinbeerenstr, 25. S. W.
MUTZENBECHER, J. von, Schellingstr, 3, I. W.
NEIDHARD, C.G.,Stellv.Vorsitrender,Bellealliancestr.92.S.W.
PIECHOTTA, Otto, — Artilleriestrasse, 7. N.
PLIQUET, Jean, Waldemarstr, 47. S. O. 26.
SCHLESINGER, J., Leipzigerstr, 100. W.
SCHUTZ, Rud., Staffschreiberstr. 36. S.
SCHWABE, Adolphe, Koniggratzerstrasse, 49. S. W.
STOCK, E., Engel Ufer, 16.
STOTZER, W., Prinzenstrasse, 13. S.
STRAUSS Adolf, St. Georg-Kirch-Platz. N° 20. N. O.
THOMANY R., Zimmerst. 92-93. S. W.
WECKMANN Emil., Wallstr, 65ᵇ S.
WEPNER, H. 57. Nostizstr. S. W. 29.
WILLMANN E. Franzosischestr, 49.

BILDSTOCK

ALT, Joh. Schlafhausmeister.

BLANKENBURG

EYSELEIN, Dr.

BONN

PETERS, Herm., Schu manustr.

BOPPARD-A/-RHIN

FELTMANN, H.
MALLMANN, Dr. F. (à Vienne, de Novembre à Mai).

BRANDENBURG-A/H.

MEINECKE, Jr. F.

Bremen

Brelie, C. v. d., am Markt 16.

Brême

Grutter, (Mᵐᵉ E). Bismarckstr. 36.
Krohne, Chr., Brautstr, 11.
Lucanus, (Mᵐᵉ W.), Frühlingsstr. 19.
Marbes, Aug., Lutzowerstr, 106.
Muncke, H., Schüsselkorb, 21.
Schroeder, C., chez Meyer et Strauch.

Bremerhaven

Granel, H.

Breslau

Breslauer Briefmarkensamler-Verein.
Friedrich, J. Schweidnitzerstr. 37.
Gotz, Gustav, Nicolaiplatz, 2.
Halpaus, Joseph, junkernstrasse.
Jeran, Oscar, Schmiedebrücke, 25.
Schmidt, Dr. H., Klosterstr, 10.

Bromberg

Balirke, Ed., Posnerstrasse, 32.

Brunswick

Berger, Ludwig, Friseur.
Former, H., Spielmansstr. 7.
Ruhland, Gustave, Sidonienstr, 5.

Carlsruhe

Schaller, Carl, Kirschstr, 78.

Cassel

Boppentrausen, W., Konigsthor, 1.
Griesel, A., Wilhelmhoher allee, 33.

Charlottenburg

Philippona, Hugo, Hardenbergerstr. 37.

Chemnitz-i.-S.

Hoffmann, O. E., Brückenstrasse, 10.
Lichtenberger, Moritz.
Rossner, M.

Coblenz

Vallette, Georges, Friedrichstr. 38.

COLDITZ

MATTHAEI, A., Fabrikbesitzer.

COEPENICK, près Berlin

WENZEL, Ernst.

COFTHEN (*Anhalt*)

HUMMEL, Richard.

COLOGNE

BOGEN, H., Zeughausstrasse, 20-22.
DAVID, A.-G.
GUSTORF, Jul., Breitestr, 82.
HEBER Alfred, Hohenstaufenring, 2 a. part.
HOF, Ludwig, 7, A. Zeughausstr.
KOENNECKE, F. Weirstr, 103.
OLBRICH, Hugo, Haufmann.
ROMMEL, H., Mauritius-Steinweg, 84.
VOSS, Simon, Benesisstrasse, 25.
WICHTERICH, Ad., Tempelstr, 95.

COTTBUS

SCHONHERR, Benno, Négociant.

DANZIG

ART. Hans, Longgasse, 58.
BARTSCH, Hugo, Langemarks.
BENJAMIN, L., Langgasse, 64.
BURTSCHIK, Joh, D. Jopengasse, 60.
DRAGER, W., Lastadie, 10.
ENGEL, Alexandre.
SCHROEDTER. V., Fleisihergasse, 36.
THAISS, C., Hundegasse, 43.

DEGGENDORF (*Bavière*)

HERRMANN, Ludwig, Architecte.

DOBELN (*Saxe*)

SCHNEIDER, J., Lieutenant en 1er au 139e régiment d'infanterie.

DRESDE

BEHEIM-SCHWARZBACH, Katharinenstr, 5. N.
DENCK, F. Paul, Cranachstr, 15, 1. A.
DIETEL, Paul, Melanchtoustr, 17 c. H. N.

EGGERSGLUSS, H., Neuegasse, 34.

FORSTER, F., Feldgasse, 18 p. A.

GRUMT, M., Reichsbank, Giro-Conto.

HESSE, Jr. W., Konigsbrücker. st. 1, Parterre. N.

JUNKERS, Paul, Schnorrstr, 47.

KUNCHEL, G.-A., Glacistr, 3 part.

MOLLER, G., Blasewitzerstr, 1 d. A.

MORITZ, H., Pragerstr, 46.

NAUMANN, Hans, Victoriastr, 6, A.

PETERMANN, Victor, Blochmannstrasse, 19 p.

RICHTER, Albert, Reissigerstr, 42, II, A.

DRESDE-PLAUEN

SCHONIG, Albert, Bienertstr, 22 I.

DRESDE-STRIESEN

PETRITZ, Ernst.

DUSSELDORF

ANWEISSER, J.-H., Editeur et Rédacteur du « Grosses Handbuch der Philatelie ».

BERRY, 1er lieutenant Husaren régiment H.

BOMMERT, H., Parkstr, 52.

BURGSDORFF, Von, 1er lieutenant Husaren régiment H.

DAMMEYER, Directeur, Gerresheim.

FRANCKEN-WELZ, Von, Rik. im Husaren régiment H.

GEYER et Cie, Carl, Louisenstrasse, 51.

GORING P., Propriétaire, Sihwanenmarkt.

GUNTHER (Mlle), Kanalstrasse.

MATHES, Lieutenant Adjudant, régiment des fusiliers No 39.

MODES, A., Musikalienhandlung.

MORTEN-MULLER, Normann, Duisburgerstr.

MOSEL, J. Oststrasse.

OEDER, E., Peintre, Jacobyst, 12.

PANIEL, (Mad. L.), Bleichstr.

POENSGEN, E., Jacobystr, 7.

RHODEN, Alphonse, Gerreshemierstr, 40.

RICHARD, Theodor, Herzogstrasse, 30.

SOHN [Mme], Gartenstrasse.

SPIELMEYER, L., Alesanderplatz.

TRESKOW, VON, Blucherstr, 48.

FREHER VON VITTINGHOFF-SCHELL, Edit.-Réd. du « Grosses Handbuch der Philatelie ; Présid. du « Marken-Verein.

Walter, Ingénieur, Zikbachstr.
Wanke, Directeur, Schützenstr.
Wenerburg, W., Ingénieur, Herzogstr.
Wittich, Vétérinaire Militaire.
Wulff, W., Herzogstrasse.

Eilbeck, près Hambourg

Lubkert, Hugo, Kornerstr. 47.

Eilenburg

Schulze, Paul, Négociant.

Emmerich-a-R.

Schneider, Friedrich.

Erfurt

Bauer, Adolphe.
Geissler, Theodor, Herrmann, Udestedterstrasse, 39, III.
Schmetz, F., Commis des Postes.

Eutritzsch, près Leipzig

Stuber, Carl, Director der Chemischen Fabrik.

Flensburg

Grothe, Gust., Lotterie-Geschäft.

Francfort s/ Mein

Dauth, J.-H.
Ehrenbach, Rob.
Freudenstein, S., Humboldstrasse.
Hamel, Adolf, Bockenheim.
Hax, Anna (Mme), Bockenheimerstr. 37.
Lindheimer, Léopold.
Mangold, Otto, Wielandstrasse, 51.
Maus, Heinrich, Paradiesgasse, 41.
Reinheimer, Ad., Mittelweg, 58.
Schindler, Alb. Stalburgstr, 13.
Seligmann, Max., Allerheiligenstrasse, 59.
Umpfenbach, J., Hegelstrasse, 17.
Victor, G., Stalburgstr, 34.
Von Zange, Gartnerweg, 6.

FREIBERG (*Saxe*)

GERHARD, Dr. Jur. Poststr. 5.
KRIPPNER, E. R.

FREIBURG-i-B.

HAFFNER, Heinrich, Carlsplatz, 2.

FRIEDENAU, près Berlin.

WASKE, E.

GEISLINGEN (*Wurtemberg*).

HEIGES, Th.

GELDERN.

TOEPPER, Emile, Obergrenz-controleur.

GERA (*Reuss*).

DORRE, Jr. Alwin.

GERNSBACH (*Bade*).

GUTTMANN, Carl.

GIESSEN

WALLACH, H., Kaufmann.

CHATEAU GIMBORN (Canton Wipper-Fürth)

DE FURSTENBERG (Baronesse Math.).

M. GLADBACH

SCHMITZ, Heinrich, Alsstrasse, n° 5.

GOGOLEWO, près Mewe

VON RAABE, R.

GORLITZ

MULLER, Paul, Obermarkt, 21.

GOSSNITZ s/A

GLASEWALD, A.-E.
WEISS, Chr.

GREIZ-i-VOIGTLAND

SCHMIDT, Paul, Burgstr. 45.

GRIMMA (*Saxe*)

REINHARD, Max.

HABELSCHWERDT

PATZETT, Ernst, in J. Frankes, Buchdruckerei.

HAGENOW-i-MECKL

LANGERMANN, P.
REINEKE, F.

HALLE-A-S.

HERRMANN, A., Etudiant en Théologie, Fleischergasse, 44 I.

HAMBOURG

ASMUS, J. M. C., Blückerstr. 26, Uhlenlorst.
BESTELMEYER,
BURMESTER, Carl, Amsinkstr. 45, I.
BUSCH, G. T.
DANNENBERG, Ad., Richardstr. 6.
CARLOS DA SILVA, Carolinenstr. 28 p. (St-Pauly.)
GOLDNER, Julius.
GOTTSCHALK, Sigmund, Grindelhof, 19.
HEIDSIECK, Heinrich, Holzdamm 55 IV.
JACOBY, Albert, Steindamm 58 III.
KARUSTEDT, Paul, Eimsbüttel, Vereinsstr. 33.
KUNTH, G., Eimsbüttel, Ichulweg 36.
LE MOULT, Robert, Eimsbüttel.
LOSSAU, Julius, Amsinckstr. 19.
LUTGENS, Henry, Kirchenallee, 46, II.
NIENHUSER, Julius.
PLETT, J., Norderstr. 89, Haus 4.
POST, Victor, Steinhoft, 8.
RUBENSOHN, Martin, Eimsbuttlerstr. 43e.
SADLO, G., Schauenburgerstr. 16.
SCHREIBER, Bruno, Carolinenpassage, 3 I.
SIEGERT, Paul.
SWENDSEN, A. W., Gansemarkt. 30-31.
TIEMON, C. II., Steindamm, 17.
TIMM et SOHN, Valentinskamp. 34.
TORRUHL Adolph, Eimsbuttel.
VERKRUZEN, T. A., Langereihe S. Georg. 61. II.

Voss Helmuth, Tegetthosst, 7.
WOLTERS et FORST, Paulstrasse, 42.
WULDERN, A. Grasskeller, 43.

HAMBOURG (St-Pauli)

GROTHAN, Ludwig, Wilhelminenstrasse, 12 III.

HAMBOURG-UHLENHORST

RAUPER, G. Willem.

HANNOVER

DECKER, Hermann, Josephstrass, 23.
FRANKENSTEIN, Julius, Humboldstrasse, 4.
GERSTE, G., Buchbinder, Osterstr, 79.
GROBE, G.-C.
GRUNITZKY, H., Hildesheimerstr.
HENKIES, Friedr., Seestrasse 9, 1 étage.
HUNAEUS, Dr., Vahrenwaldstr, 98.
IHSSEN, Georges, Lutherstr. 8, 1.
LUDEMANN, Johs.
PFAFF, Geb.
UTSUMI, Moichiro, Paulstr. 2, II.

STATION HARF (près Neuss).

MIRBACH-HARF (Mme la Comtesse).

HEERENBERG

SCHNEIDERS, Friedrich.

HEIDELBERG

HERRMANN, C., Directeur, Hauptstr. 162.

HEIDELBER (Bade)

KROLL, W. R., Hauptstr, 246.

HEILBRONN (Wartemberg)

FAUTH, Friedrich.

HEILBRONN

FEHLEISEN, A., chez H. Schmidt, Jr.

HÉLIGOLAND

JURGENS, Henry, Weser st.

HEMER i/Westf

SAUERLAND, Chr.

HERZBERG-A.-ELSTER
Markus, A., Obersteuer-Contrôleur.

HERSBRUCK (*Bavière*)
Fischer, J., Privatier.

HILDBURGHAUSEN
Eichlam, Ludwig.

HOF (*Bavière*)
Reichel, J. C.

HOMBURG V. D. H.
Encke, W., p. ad. Spar et Vorscheeskasse.

ITZEHOE
Stoyer, H.

KAISERSLAUTERN
Heimann, S.

KIEL
Grannemann, R., Dameustrasse, 62.
Martens, P., Waisenhofstr, 48.

KONIGSBERG
Lublin, A., Fabricant de cigarettes.

KONIGSWINTER-A-RH.
Kreitz, Carl.

KOPPITZ-i-SCHLESIEN
Thiel, Secrétaire.

KOTZSCHEMBRODA, près Dresde
Teichmann, Dr. Jur., Grünestr, 4.

LANGENBERG (*Rheinl*)
Henn, C.-Th., Buchhalter.

LANGFUHR près Danzig.
Steffens, Carl.

LEIPZIG
Basuner, Dr. G. D. Lessingstr. 11, H.
Beier O., Hospitalstr. 25, 1.

BERGER, Bertha, Promenadenstr. 22.
BONTE, J. G. A., Lieutenant, Blucherstr.
BORN, Carl, Berlinerstr. 2.
CUNO, Fritz, Wintergartenstr. 17-
DURR, A. F., Lohrs Platz, 5, II.
ETZOLD, Arthur, Gneisenaustr., 12 III. m.
FORSTER, Eugène, Banque de Crédit et d'Epargne.
HEITMANN, Ernst.
HONIGSHEIM, Eug., Maison Masurel fils.
KABATEK, Alf. Carl Heine-str. 60.
KLOSS, Dr. P. Jr., Uferstr., 2.
MEINELT, M., Sophienstr., 10, II.
MIRAM, J., Glackenstr., 15 I.
MUHLMANN, Hugo, Nürnbergerstr., 57.
MULLER, G. H. C., Querstrasse.
RICHTER, Max, Ranstadter Steinweg, n° 46, III., bei M. Steinert.
SCHMIDT, Dr. Méd., Münzgasse, 28, I.
SCHULZE, Otto, Sidonienstrasse, 44 B.
SCHWANEBERGER, H., Marienstrasse, 14.
SENF, Gebrüder, Eilenburger Strasse 4/5.
SENF, W. A. Louis, et Cⁱᵉ, Johannisplatz, n° 42.
STECKNER, Oscar, Peterstr. 2.
WERNER, Félix, Emilienstr., 1.

LEIPZIG-LINDENAU

LAPKE, Richard, Luppenstr., 14.

LENZKIRCH (Bade)

LENDER, A.

LETMATHE

HOYNK, Joseph, i. F. Hoynk et Splenger.
STEINSSIFER.

LOSCHWITZ A. D. ELBE (Saxe)

STOHMANN, Richard.

LOSENBACH B. BRUGGE.

GRUBER, Ernst.

LUBECK.

SCHMIDT, Max.
WILDE, H., lg. Lohberg, 43, I.

LUDINGHAUSEN

BROLL, Ferd., Kataster-Contrôleur.

MAGDEBOURG

BLENCKE, Otto, Heiligegeiststrasse, 18.
FRIESE, Max, Hasselbachstrasse, 1.
FUCHS, H., Ebendorferstr., 41.
GASTEL, G.
IHLAU, A., Mittelstrasse, 23.
JESURUM, Dr. J. A., Kutscherstr, 16.
NARY, E., Kleine str., 3.
SEMMERN, von, Capitaine, Sternstr, 18.
WIESE, Udo.

MAING

WAGNER, Hans.

MANNHEIM

HERMES, Edgar.
RISIGARI, L., Z. C. 2.
VOCK, Carl, rue H. 1. 12 1/4.

MARKT-REDWITZ (*Bavière*)

FISCHER, J., Hôtelier.

MEERANE i/S

PETER, Arno, Fabrikbesitzer.

MEISSEN (*Saxe*)

MUNCH, Th. Hugo, Theaterplatz, n° 141, l.

METZ (*Alsace-Lorraine*)

BIRNBAUM, Wagnerplatz, 6.
GROSJEAN, E., 41, rue du Pont-des-Morts.
HAEDRICH.
MARIN, L., Employé de banque, 15, rue des Roches.
NOELDECHEN, Gefangnisstr, 8.
SCHULZ, Capitaine au 16° bataillon de Pionniers.

MULHEIM

BOSE, G., Ober-Postsekrétair.

MULHOUSE (*Alsace-Lorraine*)

BIECHELER, Aug., Schleusse, n° 40.
BLOCH, Arthur, Hauptstr, 87.

3.

CREUTZBURG, Max, Leder-Handlung.
ECK, E., 52, place de Strasbourg.
GOLDSCHMIDT, F., 17, rue des Orphelins.
SACK, A., Société Industrielle.
SPRINGER, Ed., Quai d'Oran, nº 27.
TISCHMACHER, Camille, Banque d'Alsace et de Lorraine.

MUNICH

ASCHENBRENNER, John, Schillerstrasse, 2.
BESCHOREN, Paul, Promenadenstr, 14, II.
BRUMMER, L., Blumenstrasse, 53 a.
GEIDEL, L., Sonzengrube, 7, III.
HOY, G. L., Promenadeplatz, 6/0.
HOSP, Thalkirchnerstr, 10 h.
HUBER, Theodore, Isenreingerstr, 7, B. I.
JORIS, Cornelio, Collosseum Strasse, 3.
KOENAART, Alphonse, Arcisstr, 19 c. II.
LARISCH, A., Schwanthalerstr, 42.
LORECK, A., Luisenstr, 34.
SEDLMAYR, Otto, Karlsstr, 47/1.

NAUMBURG A/SAALE

GREUNER, H., Herrenstr, 23.
ZSCHIESCHE, A.

NEUDIETENDORF

KLINGHARDT, H.-G., Administrateur des Brauerei.

NOVEANT, prés Metz

DODERLEIN, Alfred, Buchhalter.

NUREMBERG

DAUNER, G. W. K.
FORSTER, A., Berganerplatz, 6.
FRUHINSSFELD, B., Schouhoferstr, 24 III.
HÖPF, Siegfried, Marienstrasse, 1.
KLARMANN-KUPPER, J., Rosenaustrasse.
STAEDTLER, Albrecht, Wielandstrasse, 15.
WINTERSTETTER, J.
ZECHMEYER, G.

OELSNITZ i/ERZGEB. *(Saxe)*

SCHULTZE, Joh. Otto.

OHLIGS *(Rheinland)*

LEHMANN Ernest.

OHRDRUF, près Gotha

GELLI et R. TANL.

OLBERNHAU im ERZBEBIRGE

TREBITZ, Ludwig.

OLDENBOURG

FELDMEYER, G., Nelkenstr. 7.
FISCHBECK, Jr., Carl.
MOTHAUPT, Auguste, Rosenstr.

OLDENBURG i/GR.

FICHBECK, Jun., Carl.
KIRCHHOFF, Karl, Bismarkstr. 5.

OLDENDORF

LEVY, Max, Maison A. J. Rothschild fils.

CHATEAU OSTHOFF, près Dülmer

VON SPIESSEN, Frhr.

OTTENSEN

LOHMANN, Ad., Tabak et Cigarrenhandlung.

PASSAU

GRUBAUER, Albert, Photographe.
SCHULLER, J.

PFORZHEIM

PFORZHEIMER-BRIEFMARKEN-CLUB.

PFUNGSTADT, près Darmstadt

SCHAUPMEIER, E.

PLAUEN-DRESDEN

HARNISCH, R., Chemnizerstr, 36, 1

PLAUEN i/V. *(Saxe)*

PINKERT, Jr., F.
SCHAEFER, Félix, Furstenstr, 35.

POTSDAM

VON ZOBELTITZ, Behlertstr.

RATINGEN, près Düsseldorf.

POSSBERG, Hubert.

RAUENBERG, près Wiesloch-Bade.

SCHRIDWEILER, Robert.

REGENSBURG

FORCHTHAMMER, H., Négociant.

ROSSWEIN

KORNER, Dr., Assessor.

ROSTOCK i/M.

BURMEISTER, Wilh., Postlagerud.
WESTPHAL, F. H., Fischbank, 22 a.

ROTTWEIL

MILLER, H., Landrichter.

SAALFELD (*Saale*)

FROSCH, Hugo, Postlagerud.

SAARBRUCKEN

RUHR, Carl.

ST-JOHANN A. D. SAAR

BECKER, Heinr, fils, Négociant.

ST-JULIEN-LES-METZ (*Alsace-Lorraine*)

PATIN, Albert.

ST-LOUIS (*Alsace-Lorraine*)

WALCH, Ch.

SCHALKE i/WESTF.

KONIG, Adolf.

SCHONEBERG-BERLIN

MAAS, Otto, Goltzstrasse, 5.

SCHWELIN

BELLINGRODT, Friedr.

SCHEWERIN i/M.

LAMBRECHT, G.

SELIGENSTADT A/M.

LILIEN, Louis.

SIGGEN (*Wurtemberg*)

STEIN, Jos., Theod., Post u Station Ratzenried.

STADE (*Hanovre*)

MEIER. H. J. N° 685.

STADTHAGEN

HEINEMEYER, Adolph, Buchhalter.

STEGLIK, près Berlin

LINDEMANN. R., Fichtestr, 6.

STETTIN

BETHE, Carl.

BLASCHKE, W., Konigstr. 1.

STOLBERG (*Binsfeldhammer*) près Aix-la-Chapelle

HOFES, Eduard, chez M. Ed. Fuckermann.

STRASBOURG (*Alsace-Lorraine*)

COHNEN, M.

DELARBRE, Célestin, 35, rue des Frères.

FEISE. C., Aurelienplath, 6.

FRITSCH, Chr., 27, Gewerbsiauben.

HOURLET, E., 11, rue des Charpentiers.

KUHN, Hauptmann, Steinring, 7, 11.

MŒLLER-BUND, B.

ULLRICH, Capitaine au Corps des Ingénieurs, Allerheiligengasse, 8.

VOLLAND.

STRISSEN-DRESDEN

BANG-HAAS, A., Villa Bella Vista VII, n° 7.

STUTTGART

BENZINGER, F., Paulinenstr, 8.

DISCHINGER, L., Wachterstrasse, 7.

HAHN, J., Reinsburgstr, 5 11.

LOCHNER, Carl, Johannisstr, 4.

OTT, Théodore, Sennefeldstr, 17.

REDWITZ, Ferd., Alleenstr, 25.

REINHARDT, Theodor, 14, Carlsstr.

STUTTGARTER-BRIEFMARKEN-BAZAR, Eugenstr, 8.
VON WOLLWARTH, Urbanstr, 36.
ZENKEWITSCH, E.

TANGERMUNDE

SCHUTZE, Max.

TORGAU

KUHNE, Max, Lowenapotheke.

TRÉVES

LOEBEN, von, Lieutenant en 1er au 29e Rég. d'Inf.
WASSERBUROER, A.

TRIEBES (Reuss).

SCHEIBE, Max.

ULM A. D.

BUCK Georg.
LOSCH, Comptable.
NADLER, H., Bessemerstrasse, 27.

VOHENSTRAUSSE (Bavière)

KUPPER, H.

WALTERSHAUSEN, près Gotha

SCHAEDEL, Karl.

WEIMAR

HAUBOLD, W. A.

WIESBADEN

EBERT, Julius, Sedanstr, 5. I.
GROS, J. Henry.
REICHENWALLNER, J., Adolfstrass, 3.

WILHELMSHOHE-CASSEL

LOWENTHAL, H.

CHATEAU WINDHOF, près Cassel

SCHLIEFFEN, (Comte de).

WITZSCHDORF i. S.

JORGENSEN, Victor.

WURZBURG

ECK, Th., Juliuspromenade.
KOCHENBURGER, Dr. Méd., Oberthürgasse, 15.

WIESBADEN

FREUND, H., Marktstr, 6.
GREISS, Dr. Méd., Emserstr, 3.
HUPFELD, Jos., Bahnhofstr, 3.
STERNITZKI, W., Kirchgasse, 11.
SULZER, Wilhelm, Marktstr, 30.

WURZBURG (*Bavière*)

WIRSCHING, E.

ZARRENTIN (*Mecklenbourg*)

MEIER, H. W.

ZITTAU (*Saxe*)

HABLER, Richard, Lessingstr, 8.
KOHLER, Richard, Freudenstr, 770 H.
ROSLER, Rudolf, Frauenthorstrasse, 4.
STEIN, Curt, Capitaine au 102° régiment d'infanterie, Gorlitzerstr, 13 I.
LUCKE, G. A.

AUTRICHE-HONGRIE

AGRAM

KROMER, Johann, 13, C. C.

ALBRECHTSDORF, près Reichenberg

FEIX, Johann.

BIALA (*Galicie*)

HONIGER, Jos.

BODENBACH A. E

MORAWETZ, Éduard.
SPEER, R., Buchhalter.

BOZEN (*Tyrol*)

RED, Anton, Zollgasse, 7.

BRAUNAU (*Bohême*)

EHRENBERGER, Rudolph.

Brunn (*Moravie*)

Brychta, Joh., Apotheker.
Schischak, Adolf, Dornrosselgasse, 5.
Wodiczka, Arthur, Anglo-Austrian Bank.

Budapest

Ebner, Johann, Stationsgasse, 60.
Feldmann, S., Wurmhof-Thia, 42.
Koloman von Kovats, Zollamts-Ring, 8.
Lajo, Richter, Andrassy, Ut, 3.
Penater, Ed., Pfargasse, 2, II.
Polgar, Armin, Bélagasse, 4, V.
Prohaszka, Félix, Donatigasse, 18, 1 ét. II.
Pruckler, J. C., Saroksarergasse, 25.
Seitz, A. Stephansplatz, 15.
Steffek, Dr. Méd./ Johannesplatz, 1 I.
Weisz, A., Koronaherczeg-Utcza, 7.
Weiss, F., Muzeumring, 29.

Carlsbad i/Boumen

Becker, jun., Joh.
Pohl, Richard, Négociant.

Carolinenthal-Prague

Horvak, Emile, Königstrasse, 5 II.

Czernowitz

Brillant, Victor, p. ad. Dr. Brillant.

Debreczen (*Hongrie*)

Demjen, Ludwig.

Detta (*Hongrie*)

Buchl, Leo.

Eger (*Bohème*)

Eibel, Wenzel, Backermeister.
Haider, Jean, Bahnhof.
Wolf, W.

ESSEGG

ARON, Jun., Carl, Stavonien.

FALKENAU-A-EGER

MOHR, Leopold.

FIUME

RACK, Paul, Via Riva, 532.

GABLONZ-A-N

BENGLER, Adolf, Maison L. Schonberg et Cⁱᵉ.
LIEBETRAU, A.
SCHINDLER, J., Exportateur.

GIURGEVO

WEINSTEIN, Heinrich.

GMUNDEN

SCHNEIDER, W.

GRAZ

GUNSCHER, A., Chef du département de la Direction des postes et télégraphes.
HONIG, Julius, Harrachstr, 3 H.
RILKE, Wilhem, Schillerplatz, 67.
SCHUCH, jr., Moritz, Hauptplatz, 3.

GROSS KANIZSA (*Hongrie*)

SCHERZ, Samuel, pour Edm. Scherz, Riesengasse, 16.

HOHENMAUTH (*Bohême*)

BARTSCH, Carl, Docteur-Médecin.
KOPECKY, Josef, Postadministrator.
KORNFELD, Fr., Caporal, Inf. Régiment nᵒ 98, cadre.

INNSBRUCK (*Tyrol*)

BEER, Jr., Carl, Hôtel Sonne.
EGERT, Josef.
GRONAY, Stefan, Museumstr. 16.

KARLSTADT

KROUPA, M., Rakovaogasse, 47 et 56.
ZETTELMANN, Carl, K. K. Militarbeamter.

KÁSCHAU

DACSCHA-SPERLIN, Alfred. K. K. Lieutenant im Corps-Artillerie Régiment n° 6.
JERZABEK, F. de, Capitaine et Professeur à l'École Militaire.
SKALNIK, Franz, Photographe.
CORÈK (Mlle Von), Hauptgasse, 90.

KORNENBURG, près Vienne.

GRADL, Hans, Hauptplatz, 4.

KRAKAU

TAFFET, Julius, Dillgasse, 64.

KREMS

HAAS, Dr. J., Regimentsarzt des 26. Jager-Bataillons.

LAIBACH

MAX, Armiex, Mariatheresienstr, 2.

LINZ A/D

FORCHTGOTT, Alfred, k. k. Postoffizial.

MAHR-OSTRAU

SAUER, Aug., Leo Bahnhofstr, n° 3.
SAUER, Carl.
SONNTAG, Eug., Carolinenschacht.

MARBURG.

SWATY, Franz.

MARKOFALVA

FALKENSTEIN, A. V., Ritter.

MERAN

PEYSCHL, B¹.

MOEDLING

KARL VON VILLANI, Jasomirgottgasse, 12.

MÜGLITZ (*Moravie*)

NABE, Alfred, Chef de Bureau.

NICOLSBURG

KRISCHKER, A.
MATZENAUER, Karl. K. K. Rittmeister.

NIEMES (*Bohème*)

FISCHEL, Arthur.

OEDENBURG (*Hongrie*)

BERGMANN, Josef, Theatergasse, 9.
MICHAEL VON VAGHY, Jr., Bauhofstr., 18.

OLMUTZ

DWORAK, Johann, K. u. K. Artillerie-Hauptmann.

ORSOVA (*Hongrie*)

WIUSCH, Ludwig, Landwehr-Felwebel.

PILSEN (*Bohème*)

HANSEN, Carl, Prokurist.

POLA

VON RAIMANN, A., Bâteau "Kronprinz Rudolf".

PRAGUE

EBERMANN, Hans, Hybernergasse, 42.
ECKHARDT, Carl, Garbergasse, 13.
EHRENHARDT, Theodor, Heinrichsgasse.
EULEFELD, Gustav, Geschaftsführer.
FISCHER, Adolphe, Mariengasse, nᵒ 49.
FISCHL, Alois, Grosser Ring, 13.
FORH, Otto, Niklasplatz, 7, 1.
GLAUBER, Jul., Elisabetstrasse. 5.
HABERHAUER, Jos, Wenzelsplatz.
HERKNER, E., Négociant.
HOCK, Oscar, Petersplatz, nᵒ 1.
HOPPE, W., 29, II.
HORAK, Edouard, Mariengasse. 15.
KONRAD, Otto, Reitergasse, 4.
NEUMEISTER, Paul, 857, II.
POSSELT, Victor, 1009, I.
RAZEN, Gust., 447, III.
RITTER VON HELLY, Jun., Richard, Grosser Ring, 17, I.
ROSSLER, Johann, Négociant.
STARANSCHEK, F., Négociant, Mühlgasse, 44.
STOKITZSCH, Ferd., Prokopsgasse, 3.
STREUBL, Ed., 211/I.
TALLOWITZ, Bedrich, V. Ruzoué Alicis, Cⁱᵉ, 24.
TOMASCHEK, Franz, Obstmarkt, 6.

WALLDORF, Carl, Exportateur.
WEISS, Gustav. A., Dr., Carlsplatz, 315, II.
WERNER, A. L., Négociant.
WLASCHIM, Dagobert, Graben, 25.

REICHENBERG (*Bohême*).

KNIZEK, Anton, Dr. Méd.
SEELIGER, Heinrich.

RESTOCK (*Bohême*)

BONDY, Wilhem.

RETZ

KONIG, Théodor.

RUMBURG

FORSTER, Franz, Fabricant.

SALZBURG

SEEFELDNER, Gust.

SEMIL (*Bohême*).

HLAWAC, Franz.

SIMMERING

DOHNAL, Wilhelm, Pfeifergasse, N° 545.
CHALOUPKA, Boh., Celna, 64.

SMICHOW prés Prague.

LENDECKE, H.
MENNBIER, G., Kinskystr, 21.
WASCHNITIUS, Heinrich, Négociant.

STEINSCHONAU

HELZEL, Richard, N° 37.

TEMESVAR (*Hongrie*).

HACK Michaël.
HOFFER, F. V.

TEPLITZ (*Bohême*).

QUADRAT, Zdenko, Bank-Filiale.

Tetschen, a. d. Elbe.

Kassian, Alexander, Négociant.
Wetzel, Victor, Procurist.

Trieste

Barees, Erwin, 475, via Zorenzoni, Sinistra.
Dessalles, Edgar, Réunion Adriatique d'Assurance.
Dotti, Enrico.
Glaraval, Assicurazioni generali.
Kerscht, Nic., Neustr, 60.
Von Schiller, H., via S. Daniele, 3.
Trevisani, Francesco, via Farneto, n° 6, 3 bis.
Zsoldak, Johannes, Archives de la Marine.

Unter-Sievering, près Vienne

Nebehay, Charles.

Vienne

Backer, O., Hauptstr, 19, III.
Bergmann, Guillaume, 1 Renngasse, II ét. 6.
Brischa, Franz, Kettenbrückengasse, 12.
Clauer, Von Guido IV. Taubstummengasse, 6. 1.
Doczkalik, Emerich, Wahring Gartelstr, 59.
Eckerl, Jr., Sigism., Griesgasse, 35ᵃ. V.
Epstein, Henri, II. Nordbahnstrasse, 3.
Frank, Johann, Nibelungeng, 4, 1.
Friedl., Sigmund, Unter-Dobling, Herrengasse, 28 et 29.
Fuger, Fritz, Westbahnstr, 19.
Glentworth (Capitaine), 8, Nibelungengasse.
Heksch, Ludwig, 1. Goldschmiedgasse, 4.
Heim, Ed., II. Blumauergasse, 23.
Hirt, A., Fleischmaungasse, 5, IV.
Koch, H., Tuchlauben, 11.
Holly, Johann, VII. Breitegasse, 8.
Koltscharsch, A., III. Landstr-Hauptstr, 16.
Kotula, Robert, 1, Operngasse, 14.
Knotgen, Z., Humarkt, 1.
Krapp, W., IV. Schleifmühlgasse, 4.
Kraus, E., III, Haupstr, 16.
Langhammer, Anton, VIII, Florianigasse, 46.
Ledermann, Jr., C., 1. Kleeblattgasse, 9.

LEHNIS, Julius, IX, Wahringstrasse, 19.
MALLMANN, Dr. F., Opernring, 19, (à Boppard-s/-Rhin, de Juin à Octobre).
MAUTHNER, A., Stuckgasse, 12.
MAYER, Carl Dom, I, Renngasse.
NEBEHAY, Ch., Unter Sievering, 28.
NEURATH, Carl, II, Taborstrasse, 27.
NIEDERLE, R., Hoher-Markt, n° 1.
PAPASIAN, Thoros, K., 10, Buchfeldgasse.
SPRECHER, Heinrich, Seidengasse, 26, VII.
STADLBAUER, Dominik, Gumpendorferst, 95, VI.
TURNOWSKY, Ernst, VI, Mariahilferstr, 45.
WIMMER, G., III, Hintere Zollamtstr, 13b, II st, N, O.
WINDEN, Jul., I, Fleischmarkt, 15.

WAHRING, près Vienne

KUHLIRZ, Daniel-Carl, Hauptstr, 2.
SCHWARZ, Ludwig, Ferstelgasse, 11.

WISCHAU (*Mähren*)

JELINEK, Anton.

BELGIQUE

ANDERLUES

WILLAME, (M**), Institutrice.

ANGLEUR-LEZ-LIÉGE

DELHAISE, Alex., Avocat.

AUBEL

MARTIN, E., Receveur de l'Enregistrement.

ANVERS

ANDERSEN, Avenue de l'Industrie, 8.
AERTS, rue du Moulin.
BERDOLT, (M** V*), rue Mozart.
BRUGMAN, Avenue de l'Industrie, 44.
COCKX, B., rue de la Commune, 23.
COCKX, (M**), 23, rue de la Commune.
DE BEUL, O., Pharmacien, Longue rue Neuve, 57.

DEBRUYN, H., Courtier d'Assurances, rue des Tilleuls, 3.
DECKKERT, Herman, rempart St-Georges, 26.
DE QUINZE, H., Avenue Charlotte, 21.
DE SCHWARTZ, Robert, 95, rue du Vanneau.
DE VINCK, Comte, Avenue des Arts.
DIEGERICK, V., Docteur, rue du Pélican, 146.
DOETSCH, C., Osystr, 18.
DUMEIZ, Mlle Ch^le, Avenue Marie-Henriette.
FESTER, rue de la Pépinière, 15.
FRANCK, O. S., Courtier, Avenue de l'Industrie, 22.
HAHN, C., Avenue des Arts, 34.
HEIM, Auguste, (Madame), rue Jardin des Arquebusiers.
HEYLEU, H., place Deconinck, 21.
HEYLIGERS, Arthur, rue Van Maerland, 59.
HOCK, rue Vander Zeilen, 4.
HOCKX, Guillaume, rue des Babillardes, 43.
HOFFMANN, Adolphe, rue des Arts, 89.
HONR-FEIST, Directeur de la Banque centrale Anversoise, Avenue des Arts.
HUYBRECHTS, A., Avenue des Arts, 88.
HUYBRECHTS, E., Avenue des Arts, 88.
KENNIS, Edm., Professeur à l'Institut de Commerce, rue Jordaens, 97.
LAUWERS, Emile, Rempart Ste-Catherine, 10.
MAES, rue Delin, 41.
MARIS, R., Juge au Tribunal, rue de Moée, 27.
MENZEL, K., Chaussée de Malines, 197.
MEEUS, Armand, 31, rue aux Laines.
MINOPRIE, Canal de l'Ancre, 80.
MONN Fils, Canal St-Pierre.
MORIS, R., Juge, 27, rue de Moy,
MORIS VAN DEN BUSCHE, place Verte.
MULLER, Max., Consul général de Turquie, rue du Robinet.
MUND, rue du Robinet, 21.
MYIN, Georges, 16, Longue rue des Claires.
NAUTS, Eugène, Avenue du Sud, 17.
PERRIGNON DU FRENOY, Négociant, rue de Vrière, 52.
PETRI, Directeur-Gérant de la Banque d'Anvers, Longue rue neuve.
PITTORS-DIERICKX, 3, place Teniers.
RETSIN, J., 203, Avenue du Commerce.
SAMUEL, G., Maison Samuel et Friedeberg.
SCHAAS, Fernand, 59, place de Meir.

SCHUERMANS, Léon, Huissier, rue des Récollets.
SIERENS, Joseph, 46, Avenue Moretus.
STEENS, C., Avenue Woppers, 6.
STORMS, R., Agent de change, Chaussée de Malines, 267.
VAN AKEN, W., 66, rue du Péage.
VAN OPSTAL, Architecte, rue des Orfèvres, 9.
WILLENZ, L., rue Saint-Thomas, 40.
WITTEVEEN, Avocat, rue du Fagot, 5.

AUDENARDE

LÉGER, J., Juge d'Instruction.

AUS-LES-LIÉGE

MARCOTTY, J.

BERGHEM

DE BEEK, Jos, Op, 352, rue du Rempart.

BORGERHOUT-L/-ANVERS

LILAR, Henri, rue Milis.
VAN RIET, François-

BRESSOUX-LEZ-LIÉGE

PAQUAY, J., quai Henvart, 9.

BRUGES

JOORIS, Th., 33, rue Flamande.
HOLLEBEKE, Ad. Van, 6, rue des Corroyeurs noirs.

BRUXELLES

BAUCHAU, Palais du Midi.
BAYART, rue de la Consolation.
BECQUET, 232, rue du Trône.
BELIN, Maurice, 122, Boulevard du Hainaut.
BLUM-DECOSTER, 2, place St-Géry.
BRABANDT, Louis, 278, Avenue Louise.
BRANDES, Céline, 7 passage du Nord.
BROGNIEZ, 5, Palais du Midi.
CLAREMBAUX, Chaussée d'Haect.
CRANSHOFF, Boulevard Anspach.
DE LE HOYE, M., 7, rue du Commerce.
DELEN, F., 12, rue de Brabant.
DE MOOR, A., 23, rue Philippe-le-Bon.

DE SCHODT, Georges, 15, rue de Londres.
DUPRIEZ, N., 24, Place de Brouckère.
ELSTER, Wilhem, 30, rue St-Michel.
EVRARD, L., 32, rue de Rollebeek.
FOULON, Maurice, rue du Trône, 192.
GANTOIS, Arthur, rue des Drapiers, 29.
HAMMELRATH, Paul, Montagne de l'Oratoire, 10.
JACOB, Ed., rue de Venise, 12.
KEBERS, Maurice, rue Brichaut, 25.
KOCHAN, H., rue Verboeckhaven, 28.
KOERNIG, Dr., Boulevard de la Senne, 93.
KUGF, J. G., rue de la Victoire, 197.
KUHNEN, Louis, Avenue de l'Hippodrome, 16.
LESCHEVIN, F., rue des Riches-Claires, 35.
MARCHAL-MOLS, 47, Marché-aux-Herbes.
MATTERN, Henri, place Concordat, 7.
MOENS, J-B, rue de Florence, 42.
MOENS, Louis, Galerie Bortier, 7.
NIESSEN, P., rue d'Allemagne, 96 B
NYS Henry, rue de Berlin, 31.
PAUTREMAT, Palais du Midi, 12.
PEETERS, Eug., rue du Jardinier, 72.
PETITOT, Chaussée de la Hulpe, 111, Boitfort.
POTTHOFF, Frl. Aug., Galerie du Crédit, 6.
QUETELET, J. rue Lesbroussart, 89.
ROBYNS D'INKENDAELE, A., 56, rue du Marteau.
SCHEEMAECKER frères, 26, rue Freurenberg.
SCHULTZ, Aug., 27, rue des Chanteurs.
SIMON, 29, rue d'Orléans.
SIRERNS, 11, rue des Fleuristes.
SOCIÉTÉ DES TIMBROPHILES, 84, rue Lesbroussart.
SOMMEILLIER, E., Architecte, 42, rue Vouck.
VAN CAMPENHOUT, J., 62, rue Vandermerschen.
VAN WEDINGEN, 6, rue de la Cuiller.
WERTH, H. O., 4, rue du Lavoir.
WODON-FRAIKIN, C., 342, rue Royale-Sainte-Marie.
WOLF, L., 112, boulevard du Hainaut.

DEURNE-LEZ-ANVERS

COGELS, P., propriétaire.

4

DOTHAIN

FAMENNE.

EPRAVE

GUISSARD, H., curé.

ETTERBEEK-BRUXELLES

CRETS, J., rue du Cornet, 123.

GAND

BRAL, Gustave, Chaussée d'Anvers, 280, Ml. St.-Amands.
CLAES, Léon, rue de Bruges, 70.
COEMANS, A., place St-Pierre, 6.
CRUYT, Alex. Cataloniestraat, 1.
DE BLAUWE, rue Digue de Brabant, 34.
DE COCK, Emile, Horticulteur.
DE MEY, C., rue des Rémouleurs, 78.
GISQUIÈRE, J., rue des Rémouleurs, 78.
HOOREMANN, H., pont des Moines, 44.
HYE, Jules, Coupure, 8.
LEFEBURE, Hippolyte, (pour Mr A. H....., rue du Rabot, 6.
LEFEVERE DE TEN HOVE, P., rue Haute, 86.
ROMAIN (Frère), Couvent des frères de St-Jean de Dieu.
SILBO, Aug., rue des 2 Ponts, 35.
SMOUT, A., Chaussée de Courtrai, 182 A.

GESVES

TONGLET, Théophile.

HASSELT

VAN DER HEYDEN-HECHELERS, place Léopold.

IXELLES-BRUXELLES

BASTIN, Henri, Chaussée de Wavre, 310.
HOYOIS, Eug., 16, rue Félix Bouré.
NYS, Henry, 81, rue de Berlin.
PARYS-BOONEN, L., 170, Chaussée de Wavre.

JUMET

THIRY, Emile.

KIPDORP-LEZ-ANVERS

ROSSEELS, François, Agent de Change et Conseiller provincial.

KOCKELBERG

PEETERS, Eug., 28, rue de la Station.

LIÈGE

BILSTAIN, frères, L. et N., 43, rue du Péry.
BOUNAMEAUX, Libraire.
DEHIN, Emile, 39, rue Haginont.
MUNTER, L. de, Hôpital des Anglais.
DETHIER, A., 93, rue Basse Wez.
DICKSCHEN, F., 10, place Maghin.
DRESSE, Robert, chez M. Seb. Gathy, 18, rue Wazon.
FIEVEZ, Désiré, Gouvernement provincial.
FINCŒUR-THOMASSE, 2, rue des Prémontrés.
GÉRIMONT, Ed., 43, rue d'Archis.
GOUVRE, Victor, 1, place de Bronckart.
LEFRANC, 25, rue Sainte-Ursule.
LIVRON, G., 1, rue Paul Devaux.
MARCHIN, Emile, rue Saint-Hubert.
MUNY, Maurice, 23, rue Pont d'Avroy.
PETERS, Louis, 1, rue Henkart.
SABLON, Maurice, rentier, rue Lairesse.
SÉRULIER, Eug., pharmacien, rue Saint-Séverin, 102.
WOOS, Eug., 114, rue Sainte-Marguerite.

LOUVAIN

BAGUET, Joseph, 19, place du Peuple.
BERREWAERTS, A., 22, Marché aux Grains.
BOSQUET, Félix, 15, rue de la Laie.
BRION, Georges, 42, rue Marie-Thérèse.
D'UDEKEM, Fernand, 23, rue des Récolets.
GUELTON, Georges, 42, rue Juste Lipse.
MALCORPS, Ernest, rue des Chariots, 20.
PEETERS, Charles, rue de Namur, 22.
TILMAN fils, Charles, rue de Bériot, 42.

MALINES

ANGENOT, Félix, Square Léopold, 54.
BISSCHOP, Maurice, rue des Vaches, 23.

CLOETENS, Ed., ruede Belfer, 9.
DE WINTER, E., rue aux Herbes, 47.
MAES fils, Fr., rue Colonna, 11.
VAN LEEUN, Adolphe, rue des Augustins, 17.
VERLINDEN, Robert, place Ste-Catherine, 18.

MONT-ST-AMAND-GAND

BRAL, Gustave, Chaussée d'Anvers, 281.

ST-GILLES (Waes)

VERBRAEKEN, Juge de Paix.

SCHAERBEEK-BRUXELLES

VANDENVEN, Dr. E., 59, rue Van de Meersch.

SCLESSIN-LEZ-LIÉGE

HANNOT fils, Octave,

SELZAETE

BARBIER, C., Percepteur des Postes.
DELANDTHEER, Chef de Station.

SERAING

TERMONIA, E., Docteur en Médecine.

SOIGNIES

NOEFNET, C., Banque Nationale.

SPA

BANSA-STREIBER, Conr., 82, rue Barisart.

THEUX

MAIRLOT, Dr.

TIRLEMONT

HERTOGH, Henri de, Chaussée de Louvain.
JANSSENS, Léon, Grand-Place, 9.

VAUX-SOUS-CHEVREMONT

VAN STEENACKER.

VERVIERS

LAMBOTTE, fils, Jules, rue d'Ensival, 88.
LE COSTY, Jos., rue Rogier.

MESSIAEN, Robert.

BOSNIE

SERAJEWO

ATTIGH, Anton.
ENGEL, F.
HUHN, Official der Landesregierung.
JOHANNY, Robert.
MAGANER Julius, Docteur en médecine.
MAKANGE, Dr. J.
WRKAL, Friedrich, Militar-Rechnunds-Rat.

BRCKA
ALKALAJ, Davidin.

TRAVNICK
FUSTINIONI, Ferdinand.

BULGARIE

BOURGAS
SOTIROFF, Georges.

ICHISCLAR
RAICOFF, G.-K., (Chef de Station), (Ligne Roustchouck-Varna).

KARLOVA
ATHANASSOF, H.

KAZANLYK
TOCHEFF, G.

PHILIPPOPOLI
CALISTENIS, G.-N.
CONSTANTINIDÈS, Othon, Kourchum-Han.
CROZIER, Mme J.-B.
GARGUILO, E.
GOUNIEF, G.-G., Estimateur à la douane.

ROUSTCHOUK

DIMITROFF, A., Libraire.

SOFIA

GEORGIEFF, E.
KOUKOURLIEFF, E.
MOLLOFF, Basil, Elève au Gymnase.
MOUTAVTCHISKI, Yv.
ONSEA, Giuseppe, Consulat d'Autriche.
SARSAKOFF, N.
TAGGER, A.
TCHAYANOFF, A., Ingénieur à la Municipalité.
TCHAYANOFF, M.
WILHEIMER, J., Nischka-Ouliza, 142.
YAKOVLEFF, T.
ZARZOFF, N.

TZARIBRODE

RADINOFF, J.

CHYPRE (ILE DE)

CHYPRE

GILLAT, J.
PIERIDES, Luke Z.

LARNACA

DIMITRIOU, Paul, S.

DANEMARK

AALBORG

AAGE, Linde.
ANDERSEN, Albert, Amtsudmatig, Amtkontored.
KNUDSEN, Marius.

AARHUS

CHRISTENSEN, Robert, 52, Fredensgade.
FABER, V., Klostergade.

ASSENS

LIND, K. M.

COPENHAGUE

ADOLPHSEN, L. W., Norre Farimagsgade, 56.
ANDERBERG, Th., Aabenraa, 18. H.
ANDERSEN, J., Olufsvej, 31-O.
ARENHOLT, Carl, A. Nytorv, 11-K.
BORGEN, Wilh, Plantauveg, 21, V.
CHRISTOPHERSEN N., POSTOFFIZIAL, Eckergerggade, 25, O.
HOYER, Harry, Bartholinsgade, 1.-K.
HVALSOE, Carl, Cigarrenfabrik.
HYLLESTED, Carl, 3, Forhaabningsholms allée.
JENSEN, J. C., Peder, Hwidtfeldstrade, 7. K.
JENSEN, Sofus, Romersgade, 9, 4 sal-K.
JESPERSEN, V., Postexpedient, Valdemarsgade, 33, V.
KRONMANN, Rudolf, Ostergade 24-K.
MADSEN, L. W., Norregade, 23-K.
MATH, H., Hansen, Thorsgade, n° 16-N.
MONSTER, Carl, Briefmarkenhandlung.
OLAND, E. W., Skjoldsgade, 5 a-O.
PETERSEN, Ch., Istedgade, 82 I. V.
POULSEN, L, R., Abildgaardsgade, 26-O.
RUBEN, Julius, K. Skindergade, 21.
RUBENS, Edward M., Store Kongensgade, 27-K.
SCHMIDT, Eug. S., Inspecteur, Gamle Carlsberg-K.
SEITH, F. N., Admiralsgade, 9, K.
SIERSTED, H. B., Norrebrogade, 44, N.
SOYA-JENSEN, K. Gothersgade, 153.
SUNDBERG, J. C., 19, Blaagaardsgade, N.
TYBRING, Jul., Libraire, Klosterstraede, 6-K.
VEDEL, Dr. M., Kannikestr, 18. K.
WELBLUND, H. C., Svanemosegaardsvej, 7, V.

FAND

JENSEN, J. H.

FREDERICIA

Fryd, Carl.

FREDERIKSBERG

Olsen, Viggo, Folkvarsvej, n° 2, IV.

HADSUND

Wulff, Carl.

HOLBAK

Aggersborg, N. M., Lieutenant, Braumeister.

HOLSTEBRO

Christensen, E.
Thorup, P.

KOLDING

Kyster, J.

LOGSTOR

Nissager, P. M.

NAKSKOV

Bottern, L. Th. W.

NIBE

Petersen, A.

NORDBY

Nielson, H.

ODENSE

Bullner, Mansfield, Romersgade, 3, K.
Chrichstensel, Axel, St. Gongensgade, 81.
Diemar, Otto, 24, K. Vendersgade.
Eberth, Viggo, 4 K. Fredericksberggade.
Golodnoff, W., V. Vesterbrogade, 108.
Henriques, V., Fredericksborg, V.
Hvalsoe, Carl., K.
Jensler, Ed. F., 37, Groenegade.
Kohler, F., Alsalensgade, 22.
Kuhl, A., Romersgade, n° 23, A. 2 sal.
Lantow, C., Konigl. Schloss.
Meyer, Chr.

MOLLER, M.-L., Gothersgade. 8 K.
ORSWED, E.-S., Norre Farimagsgade. 21 V.
POULSEN, J., Colhjornsensgade, n° 11. V.
POULSEN, L, R., Abildgaardsgade, 26. O.
SWENDSON, L., 49, Blaagaardsgade.
WESSEL, H. G., 68, Blegdamsvejen.
ZACHARIAE, W. Von., Tordenskjolsdgade, 21. K.

RANDERS

BOTKER, Th. L., p. ad. Chr. Hedegaard, oster. Kirkestrade, n° 1, 1 sal,
GREGERSEN, T. R.
JENSEN, J., Exam. Jur.
WIES, Wm.

ROESKILDE

BARCLAY. E.

SKANDERBURG

CHRISTENSEN, A., p. ad. Agent N. Christensen.

SKIVE

HOLM, P.-G.
NEDERGAARDS, N.-S.
PETERSEN, Sophus, Uhrmacher.
THOMSEN, J.-P.

SKJELSKOR

LOTZ, J.-J.

SONDERHO

KROMANN, N. Müller.

SVENDBORG

HANSEN, Sofus. Dreio.
LUDVIGSEN. H.-J., Torvet, 20.

VARDE

CHRISTENSEN. Postbeamter.
HANSEN, Theodor.
KJOER, Adolf.
MADSEN, N., Vestergade.

VEILE

CHRISTENSEN et SCHMIDT.
DAVIDS, August.

ESPAGNE

BARCELONE

ARNET Y VIVER, Calle de S. Domingo del Call, 9, 1°.

AUSIN, MANUEL, Bonell, 46.

BAXERAS, José, rue Amargas, 3.

BOSCH, Fernando, Calle de Bailen, 31 bajos.

CANDI, F. C., Plateria, 9.

DE CASANOVA, Ed., Calle de Guardia, 6, 1°.

DE ELIXALA, Manuel, 56, 10, 1° Valdoncella.

FAVIER DE ESTEVE, Francisco.

FABREGAS, F° de A., Diputacion, 243.

LLÉO Y DE MOY, Victor, Abogado, 30 bis, Sta Ana.

DE SAGARRA, F., Calle de Mercaders, n° 33, pral.

DE UHAGON, José, Bruch, 68.

GASSO Y VIDAL, Juan, Ancha 5, pral.

GONZALES, Félix, 244, rue Cortes.

LINTELO, Eugène, 27, Calle de la Puerta-Ferrisa 1°.

LLUCH, J., Tallers, 24, 2° 1ª.

GIRONA-MAQUIEIRA, Luis, Calle Ancha, 2.

MARTI, J., Calle del Conseja de Ciento, N. 333, 3°.

MONGE, José, Tamarit, 63.

MULESTRIA Y SUGONA, José.

OMS, Luis, Escudillers Blanchs, 80.

PARELLADA, E., Calle del Obispo, n° 3.

PONS, A.-M., Rambla de Estudios, 11.

PRATS Y TOLOSA, José, Diputation 346, 1°.

RENTER, B., Escudillers, 77, III.

SCHILLING-MONTFORT, Calle de Fernando, VII.

SUGONA-AULESTIA, José, Diputation, 350-52.

TALAVERA Y BOGIO, J., Calle Llauder, n° 4, piso 2°.

CARTAGENA

DE LAMO, Maximo.

CORDOBA

CARRION, Léopold, employé des Postes.

FERIA, Manuel, del Comercio.

HORNERO, Vincent, employé des Postes.

MANSO, Bartolome, Platero.

Medina, Edouard, employé des Postes.

Vinageraz, Antonio, Teniente de Cazadorez de Villarabledo.

Guadalajara

Torner, Eusebio, Capitaine du Génie.

Jadraque (prov. de Guadalajara)

Contreras, Eduardo.

Llansa (prov, de Gerona)

Gisra. Augustin.

Madrid

Caceres. F. de, Gentilhomme de S. M., Santa-Clara, 2. 2°.

Diehl, Carlos. Calle Clavel, 13, 2ª derecha.

Die y Mas, José, Abogado, Calle de Argensola, 5, Pral.

Duro, Ant.-Fern. Direction des Postes.

Esteban, Ricardo-Martinez. Valverde, 35.

Jonas, Lorenzo. 7, Preciados.

Lopez. F., Cruz, 1.

Miranda. Roque, Deseugano, 1, pral izqᵈᵃ.

Nies. L., Banque Générale de Madrid, Apartado 17.

Malaga

Centre Philatélique Malacitano, 36, Place de la Mercell.

Cucina. Juan N., Calle de Grenada, n° 67.

De Sandoval, Ignacio S., 3, rue Panaderos.

Diaz, F., 11, Muro de San Julian.

Garcia de la Bandera, J., 12, Sucia.

Gil, Juan.

Molero y Ca. José San Juan de Dios, 37.

Tonés. Luis-Gracian, Abogado.

Medina

Figueroa, M. P. de.

Port-Bou

May, Roberto, Interprète à la gare.

Puerto Sta-Maria

Soto, P. N. de.

Sidonia (prov. de Cadix)

Thebussem, Dr.

TARRAGONA

CAYETANO DE MARTI, ABOGADO, Santa Ana, 8.
VALENTI, J., 30, rue de S. Juan.

GIBRALTAR

LEQUICH. W. L.
MAXTED, H. V.
SCOTT, Ferdinand.

GRANDE-BRETAGNE

BATH

BANCKAERT, Dom Conrad, Saint-Grég. Monastery, Downside.
SMITH et Cⁱ, Alfred, 7, Bath street.
SMITH et Cⁱ, Edwin, Henrietta Road.

BIRMINGHAM

DAVIS, D. et M., 2 et 3, Livery st.
HOLLICK, 288, Burbury st. Lozells.
PHILLIPS, Chas. J., 28, Spring Road, Edgbaston.
PIMM, William, 61, Lionel st.
ROBINSON, J., 6, Broad st.
SHORTHOUSE, E., 5, Charlotte road, Edgbaston.
SIBLEY, Harold, Broad St.
WINKLE, R. Castle Bromwich.

BISHOP-AUCKLAND

THOMPSON et Cⁱ, T.-H., 2, Cockton Hill Terrace.

BOURNEMOUTH

BRIGHT et Son, F. J., The Arcade.

BRACKLEY

BUTLER Bros.

CAMBRIDGE

GELDARD, C., Brooklands, Av.

CARDIFF
Hanson, H.-G.

CARRICK-ON-SHANNON
Kingston, Comte de, Kilronan Castle, Keadue.

CAVERSHAM (*Reading*)
Cheveley et Cie.

CHATHAM
Tapp, H. A., Major, 2 d. Hampshire Regt.

CHURCH(*Lancashire*)
Saunders et Cie.

CLIFTON-BRISTOL
Backers, S, F., 27, Sothernhay Ave,

COLCHESTER
Winch Brothers.

CORK (*Irlande*)
Murphy, queens College.

DUDLEY (*Worcestershire*)
Bennett, T.

EXETER
Lambert, C.-J., Glen Oak.

GLASGOW
Arend, Waldemar, 3, Albion Crescent Dowanhill.
Fernau, Paul, 46, Mitchell st.

GOSPORT
Adamson, Captain, 4, Laiden Grove.
Money, R.-C., Captain, The Kings Own Yorkshire Light Infantry.
Mumby, Everitt, Thornfield House.

HALIFAX
Dickinson L., "Lee Mount"

HANDSWORTH
Van Roosmalen Ds. Adrian " The Presbithery"

HORSHAM (*Sussex*)
Calle et Cie, Geo., Arthur road.

HUDDERSFIELD

LEE, Philip, H.

HULL

DRURY, Edward, W., 125, Coltman St.
RAAHANZE, Botilde (Mademoiselle), 34, Fountain road.
TAYLOR, W. F., 34, Beverley road.

IPSWICH

BRADBURY, W., High st, 15.
WESTHORP, John, 28, High st.
WHITFIELD, KING et C°, Lacey street.

JERSEY

CAMPBELL, E., 4, Windsor Crescent.

KINGSTON-ON-THAMES (Surrey)

FERGUSON, Lindsay, London st.

LEAMINGTON

WALTERS, 7, Spencer st.

LEAMINGTON-SPA

WAETEN, B.-C., 7, Spencer st.

LEICESTER

BARBER Bros, Abingdon road.

LINCOLN

BORNEMANN, J.-A.-D., Orchardstr, 35.

LIVERPOOL

BRIGHAM, J.-H., Stoneycroft.

LOCHMADDY (Ecosse)

TURNER et C°.

LONDRES

BACON, E. C., Ed., 41, Seething Lane.
BARRY, Hayes C., 68, Chiswell st. E. C.
BARTHES, A. E., 7, Highlever road, Notting Hill. W.
BEPLER, F. G., 136, Fenchurch st. E. C.
BOWIE et Cie, R., 11, Queen Victoria.
BOYD, Robert, 5, Hevion st., Walworth. S. E.
BROOK, P. B., Taylor, 76, Belgrave road. S. W.
BROSNAN, Dominic, 27, New. Oxford st.

BEHL et Cⁱᵉ, Théodor, 11, Queen Victoria st. E. C.

CLARKE, F. W., Beaumont Lodge, Winchmore Hill. N.

DRAHN, A., 58, Mare Street, Hackney, N. E.

EMERY ET Cⁱᵉ, John, 13, Wells St Grays's Inn. Rd.

ERRINGTON ET MARTIN, South Hackney, N. E.

FRANK, Ernest, 10, Villa Road, Brixton, S. W.

FRANCK, O. S., Cavershamroad, 5. N. W.

FRIEDMANN, Jac., 7, Alma road, N.

GAEDECHENS ET Cⁱᵉ, 7, Sandringham road, E.

GARDNER, A.-G., 49, Amhurst park, Stamford Hill.

GENNARI, A.-C., 9, Algernon road, Kilburn, N. W.

GOWELB, M., 38, Leicester square, W. C.

GOHNER, E. 29, Richmond road, N.

GOWER, Albert, (Lady), 50, Pont-Street.

GRIFFICHS, A. E., 90, Marsden st., Maitland Park.

HART, A., 20ᵗʰ Little Newportstreet, W. C.

HEALEY et Cⁱᵉ, Edwin, 14, Wormwood st. old Broad st. E. C.

HEAT, H., 124, Fenchurch st. E. C.

HELLIER, S, 41, Duke str. Manchester sq.

HINTON, T. H., 5, Paultons square, Chelsea, S. W.

HILCKES, Harry, Terrace Middle Lane Hornsey, N.

HOLTERMANN, Joh. C. F., 61, Page st. S. W.

JACOBY, Willy, 19, Murray st., Hoxton

LESLIE, H., 300, Clopham rd. S. W.

LOCKYER, 12, Southampton st. W.

LUDWIG, Aug., Mincing Lane, 16.

MARSHALL, D. Isaac, 162, Sandringham road, Dalston, N. E.

MELFI, Cosino, 145, High Holborn.

MONERIEFF, H.-A., 34, Tierney road, Streatham Hill, S. W.

MULINDER brothers, Rotkerhite, S.-E.

MYERSCOUGH, Arthur, 1, St-Michael's Alley, Cornhill, E. C.

PALMER, J.-W., 281, Strand.

PECKITT, Callf et Cⁱᵉ, 441, Strand.

PECKITT, W.-H., Deptford, S. E.

PEMBERTON, WILSON et Cⁱᵉ, Palmerston road, Wood Green, N.,

PENOT, E., chez M. von Rotberg, 13, Bartholemero road, Kentish John, W.

PHILLIPS, LEA AND DAVIES, 5, Finsbury square.

POSTANS, F. R., 3, Oxford st.

RUFFELL, H., 53, Teviot st. Poplar E.

SCHWARZ, M. B., Heathfield Park, 16, Willesdon Green, N. W.

STANLEY et Clarke, Tottenham.
STANLEY, GIBBONS et C°, 8, Gower street, W.C.
THORNHILL, W. B., 14, Redcliff st. S. W.
VOUTE, J. W., Mount-Pleasant Villas, 7, Stround Green, N.
WARREN, A. J., 1, Upper Park road Hampstead, W.
WEBB bros, Hackney Wick.
WILLIAMS, Alfred, 5, Ella road, Crouch Hill, N.
WITHERICH, A. E., 62, Ramsay road, Forest Gate, Essex.
WOLFFENSTEIN, L., 16, St-Helen's Place, E. C.
ZISSLER, C., 145, Wardour street, W.

MANCHESTER

BECKTON, W. D., Spring Bank, Irlams o'the Height.
DURST, Georg. B., Box. 40.
RANCK, H., 11, Sugar Lane.
ROBERTS, V., Maison Roberts, Dales et C°.
ULLMER, M. E., 1, Trafford place, Old Trafford.
VON BARGEN, Fallowfield.

MERTON (*Surrey*)

MAUNDER, W. H., 3, Chesnut road.

OCHILTREE (*Ecosse*)

FALLOWFIELD, Capitain, Ochiltree-House.

OXFORD

NAPIER, Dr., Professeur au Merton College.

PAISLEY (*Scottland*)

STICH, Alexander, chez J. et P. Coats.

PARKSTONE (*Dorset*)

HINE, C. D.

QUEENSTOWN

TOWSEND, H., 9, Crescent.

SALISBURY

BROWN, William, 115, Castle Street.

SOUTHPORT

LEES, Henry, 27, Forest rd.

STECHFORD (*près Birmingham*)

KRAUSE, J.,

SURREY

BARTELS, Murray. Holly Cottage, Weston Green, Thames Ditton.

THE BARRACKS, MULLINGAR (*Irlande*).

THORPE, P. J.

TOTTENHAM

HADLOW, Jun. W. M., Auction room, high road.
WOOD, T. W.

VENTNOR (*île de Wight*)

BAILLON, L. M. T.

WANDSWORTH

SEMPLE, Guy, 9, Amerland road.

WATERINGBURY (*Kent*)

BLEST.

WIMBLEDON

GRUNDTVIG, Ch., 8, Sunnyside.
JIMENEZ, R., Lindisfarne.
ROLT, Fréd. Jas. Cottenham Park.

YORKSHIRE

HARRISON, G., Ferriby Brough.

GRÈCE

ATHÈNES

COMMÈNE, Eleuthère, Direction des Postes.
COUTZALEXIS, Constantin, place de la Chambre.
DARALEXIS FRÈRES, 52, rue Themistocles.
GALATTI, Th., rue Pinacoton, nᵒ 14.
JOANNIDÈS, J., 80, d'Académy.
MÉLIDÈS, Pano N., Banque de Crédit Industriel.
NICOLAJDES, N. S., à la Bourse.
SCALABRINO, P. R., Odos Kéramicu, 17.
SOCOLIS, Constantin. S. 5, rue Gladston.

STEPHANOS, J.
STÉRIADES, Demètre, 12, rue de Hanigg.
VALLOSSI, N. D., 18, rue Sophocles.

CORINTHE

CONSTANTINIDÈS, Christophe.
CONSTANTINIDÈS, Milliades.
TRIPOS, Javas, Th.

CORFU

TOPALI, G., Consul du Portugal.

PATRAS

BONISSERI, Paolo.
CHAIDOPOULOS, Jean N.

SYRA

CALAVASSI ET Cⁱᵉ, G. N.
CHARTOULIERIS, Pierre, N.
MARGYRO, Elie.
ZERVONDACHI, Etienne, N.

ITALIE

BASSANO

DANIELI, G.

BISCEGLIE

LA NOTTE, Antonio.

BOLOGNE

LEONI, G.
LOLI, Icilio, A.
MURRI, Ninno, Azeglio, 35.

CASALE MONF

PORATI, Fr.

CASERTA

BASTIA, Leopoldo, Capitaine au 13ᵉ d'Infanterie.
ALTIMARI, Arnold, Nicolletti, Lieutenant au 13ᵉ d'Infanterie.

FIRENZE

BALDINI, Ulderigo, Via della Scala, n° 2.

FLORENCE

GAVILLI, N., 8, Porta Rossa.

GÊNES

BASSO, J., Via S. Luca, 4.
FONTANA, poste restante.
FREY, J. P. Emile, 20, Via Almeria.
GUELARD, J., Via Palestro, 13-10.

LIVOURNE

AMBROSI, Ildebrando, 4, rue de la Paix.
BACCI, G. M., 18, rue Ricasoli.
CASSUTO, Ing. G., Libraire.
CAVE, C.
FIORENTINO, F.
VESTRI, E,
WASSMUTH, H., Via Roma, 24.
WOLLMAR, Alberto.

MILAN

BADER-MULLER, J. Cd.
HARNISH, Rich., Négociant.
KELLER, C. A., Via Meravigli, 11.
NAEHER, Berthold, poste restante.
WEINTRAUB, Gugliemo.

MODÈNE

DIENA, Emilio, Dr., Via Torre, 3.
PODESTI, Philippo.

NAPLES

CANTANI, Maria (Melle).
DE ANGELIS, G., Discesa Sanita, 20.
DE LETINO. (baron) 3, Largo S. Domenico Maggiore.
DESAYMOZ, François J., 38, rue du Pailly Uries.
DE SIMONE, Agostino, Conte del l'Acerra, Villa Alharo.

FARACO, Andrea (Nico Ferrivecchi al), Pendino, n° 11.
KIRCH, Rod., Villa Maresca, Via Tasso.
RAGOZINO, Ettore, Via Quercia, 24.

OVIGLIO

PORATI, F.

PADOUE

GOLDSCHMIEDT, G.
MACOLA, B.

PALERME

CERNIGLIARO, Carmelo, 54, Via del Castello.
DILIBERTO, A., Officier des postes.
STENGELMAYR, C.

PESARO

BILANCIONI, A., 45, Via Corso.
LUGARESI, Giulio.

ROME

CIAMPI, Tommaso, 12, rue Parione.
CIRCOLO, O., Casella 61.
GIOVANNI, Evangéliste, Camérier, au Vatican.
LANZI, Matteo, Cav. Dr., Via Cavour, 6.
PARIS, Paolo, Via Marianna Dionigi, L. B. Piano 2°.
PIETRAMELLARA, Giacomo, 52, Via della Colonna.
QUARTINI, Leopold, Chev., Ministère de la Marine.
SERTONI, A., Via principe Umberto, 198, (Est).
VIRILI, Cesare, Avocat, Via dei Crociferi, 20 p. 3.

SALERNO

PETROSINO, Enrico, Calle della Rosa.

SAN RÉMO

BERTOLINI, M.
BISCOT, Major.
CARLI, G. B., Officier des postes.
RUBINO, B.
TORRAZZI, Cav.
WEBER, Doll.

TURIN

ARDUIN, L., Via Maria Vittoria, 51.
BRUNO, J., 33, rue Charles-Albert.
EGILDO, Viglino, Corso S. Martino, 8.
ERALDO, Rolfo, 3, Strada di Francia.
GASTALDETTI, Guldo, 14, Via Venti Settembre.
RINCK, H., 44, Via Saluzza.
RIVOLTA, Guido, 20, Via Maria.

VENISE

CANDRIAN, S., St-Marc, 109.
GIRTLER, Joseph, Dorsoduro, 2.475.

LUXEMBOURG (GRAND DUCHÉ)

BASTENDORF

ELSEN, R., Curé.

DIEKIRCH

JUNCK, Henri, Commis des Postes.
MONGENAST, Ad., Juge.
MONGENAST, C., Contrôleur des Chemins-de-fer. P. H.

ESCH s/ALZ

BLUM, L., Chimiste.
FRANÇOIS, Ch. F.
FRANK, L.
STAUD, J.-B., Instituteur.

LUXEMBOURG

BERGER, A., 13, rue du Nord.
BRUCK.
KOHN, J. Ch., Commis des Postes.
KURTH, A.
MULLENBERGER, H., Arsenalstrasse.
PEFFER, J. N.
ROILGEN, Ed.
SCHNEIDER, Ed.
SCHOCK, Joseph, Commis des postes, au dernier Sol (Bonnevoie).
SIMONIS, Em., Libraire.

RUMELINGEN

Cognioul, J.
Fisch, Jos., Huttenbeamter.
Massard, N.

Wasserbillig

Schock-Zimmer.

MALTE (ILE DE)

Floriana

Camilleri, Em.

La Valette

Gouder, Ed. A., 122, Strada Forni.
Comte Messina, François.
Segond, Ottone.
Zammit, Joseph S., 33, Strada-Toro.

Malte

Bonnici, Nobile-Ignazio, di Baroni Azzopardi, Strada Reale, Casel Balzan.
d'Ancona (Le Comm. F.), Cie générale Transatlantique.
Degaetana, Ed. G., Strada S. Ursola.
Effindi, Dominian, Consul général de Turquie.
Gatt, Francesco, Sliema.
Poligtoniadis, chez M. Petrococchino.
Pulis, Gust.

Sliema

de Petri, P.

MONACO (PRINCIPAUTE DE)

La Condamine

Mandel, A.

Monte-Carlo

Burdo (Mme), Villa Maria.
Isnard, Jules, poste restante.

NORWÈGE

ALESUND

OYEN, Hans, Sev., Directeur des postes.

BERGEN

AARVIG, L. L., Strandgaden, 70.
BRUNCHORST-NILSEN, J.
JACOBSEN, Waldemar.

CHRISTIANIA

BLOCH, S.
DETHLOFF, Henrik.
ENGEBRETSEN, Oscar, Torvgaden, 30.
FALCK, Henrick, 24, Universitatsgaden III.
FISCHER, Adolf., Hospitalsgaden, 18.
FISCHER, C. F., Christian IV, Gade.
FISCHER, Jacob, Raadhusgaden, 1 et 3.
FLOOD, Cato, Aall, chez R. Andoord.
GLAHN-ORBECH, Viggo.
GOTTFRIED PLEEM, 9², Keisersgade.
HOHNKE, Gust., 7, Fosvein.
LARSEN, Elias, Prinsensgade, 5, III.
SONSTHAGEN, A., Hagdehangsvej, 10.
STEEN, Real, Dr., Keysers Galle, 5.
THOMLE, J. E., Kongensgade, 5.
WETTRE, Einar, p. ad. Astrup et Smith.

DRAMMEN

BORRESEN, M., Hôtel Malins.
DEICHMANN, W.-S.
HALVORSEN, H.-J., Capitaine, Bâteau « la Juno ».
HANSEN, Henr.
THUESEN, F.

DRONTHEIM

BERGH, Ludwig., 19, Sondre Gate.
BOGH, W.-B.
GRILSTAD, Olaf.

LUND, Johan, Banksekretaer.
NOODT. Nicolay.

HOLMESTRAND

GRAARUD, G., Dr. en Médecine.

KRISTIANSSUND

PETERSEN JR., Ernest.

LILLEHAMMER

LANGSETTR, Even.

STAVANGER

FALK, L., Hans

TONSET

STORM, Chr.

PAYS-BAS

ALKMAAR

VAN LEEUWEN. A. F., Oudegracht, 181.

AMSTERDAM

AGTEREEK, L. J., Rijksmuseum.
AMSTEL, A. F. V., Burmanstr., 9.
BEAUSAR, L. A., 1, Hoogstraat.
BEYMOHR, L. J. H., Warmoesstraat, 125.
BOHLMEIJER et Cie. Oude Schans, 84.
BOOLEMAN, M. Z., Rapenburgerstraat, 20.
BORNEMANN, R. D. C., Amsteldijk, 31.
CIJFER, Ed., Binnen Bantammerstraat, 10.
CORRELJÉ, J. H. G., Van Woustraat, 42,
DE GYSELAAR, Jules, L. H.
DE MESQUITA, J. G., Rapenburg, 27.
DE ZWART Jr., D., Heerengracht, 466.
EWERTS, G. L., 172, Singel.
FEIKEMA et Cie, Librairie française.
HOEKSTEIN, K. C., N. Z. 29, Voorburgwal.
HUART, A., Nieuwendijk, 114.

HUBERTS, J.-H.-F., Singel, 206.
JANCE, J.-H.-P., Prinsengracht, 468.
KONING, Johan, K., Achterburgwal, 215.
LISSONE, Jac. P., Brakke Grond.
MANUS, K.-F., Sarphatistraat, 19.
OLIE, H., Tabakmakler.
POST, P.-A., Hôtel garni Plantage, Freinsche Laan, 13.
ROOTLIEB, J.-F., Regtboomsloot, 38.
RUYS, Johs, Leidschegracht, 56.
SCHAAP, M., Oude Schans, 84.
SCHOLTEN, P., Vondelstraat, 10.
SEELIG, H. J., Westeinde, 20.
SILLEM, H., Heerengracht, 478.
STEENBERGEN, H. C., Sarphatistraat, 80.
VAN DER VIES, Joh. H., Nassaukade, 19.
VAN GELDERE, A., 108, Binnen-Amstel.
VAN LENTE, D. J., Lauriergracht, 127.
VAN OS, V. K. L., Keizersgracht, 734.
VOS, A. C., 1e Weteringdwarsstraat, 16.
VORSTIUS, T., Amstel, 274.
VOUTE, W. E., Singel, 36.

ARNHEM

BAUDET, J. F.
BECKING, H. F. W., Kastanjelaan, 4.

BAARN

VAN DER FAK, Jr. W.

BOIS-LE-DUC

CLEERDIN, Joh. M. S., rue Kolber, 287.
VAN LEEUWEN, H. J., Avocat

BUSSUM

GRIVEL, H. F.

DELFT

WEISSMANN, Otto, Nieuwstraat, 5.

DIEPENVEEN

VAN RINSUM, Corn.

DORDRECHT

DE JONCHEERE, J. C. J., Voorstraat, 354.

VAN DE WEG, J., Voorstraat, 143.

ECHT

HOMPESCH-GRAAF, Château de Walbourg.

GRONINGUE

STULTJES, G. A., Poelestraat, D., 80.

WREESMAN, J. A., Tusschen 2 Markten F. 4.

HARDERWIJK

WOLFF Jr., Maurits.

HARLEM

DU RIEU, P. F. Commis des postes.

JORDENS Jr., E. A. 6, place Nassau.

HEERDE

LELIMAN, G. F.

HILVERSUM

LUYKX, J.

HOORN

REIJNDERS, F.

KAMPEN

ENGELBREGT, C. A., Officier d'Infanterie.

MEESTERS Jr., G. J. D. Hofstraat.

KRALINGEN, près Rotterdam.

DE VRIES VAN DOESBURG, G.

KITTKAMP, K. B. H., Dykstraat, 38.

SCHRAMEIER-VERBRUGGE, P., notaire, Bella Vista, Park Honingen.

VAN BORK, H.,

VAN DIJK JZN, W., Oost-Maasstraat.

LA HAYE

BENJAMINS, F. J., Celebesstraat, 89.

BRUENS, Willem, Fred., Tolfenstraat, 36.

CROISSET, H., 9, Passage.

DE WOLFF, J. J., FAGELSTRAAT, 35.

GEORGE, Carl, Bazarstraat, 21.

HEINTZ, F. W., Passage, 28.
HOUTZAMER, W., Witte de Withstraat, 62.
OOMS, F., Prinsestraat, 90.
REINKE, Carl, F. W. Gedempte Gracht, n° 9.
SALTET, Sally, Méj. Riouwstraat, 139.
SCHREUDERS, D.-E.
SCHORER, Jhr. L., Alexanderstr. 26.
VAN DEN BERGH, Spuistraat, 51-53.
VAN DER CAP GORISETT, Spuisstraat.
VAN DEVENTER, F.-P.-B., Houtstraat, 4.
VAN DE WATERING et Cie, W.-J.-C., Zoutmanstraat, 94.

LEYDE

CONBERG, J.-B.-M., Nieuwe Ryin, 18.
RUY DE PEREZ, P.-J.-B., Hoogstraat, 6.
WEEBERS, W.-T.-M., Lokhorstraat, 29.

MAARSSEVEEN

PRILLEVITZ, J. C.

MAESTRICHT

REGOUT, Adrien, Groote Gracht.
STASSAR, Amédée, Stationsstraat.

MIDDELBOURG

BUYS, G., Lieutenant d'Infanterie.
BRAAKENBURG, D. J., commis des postes.
BUIJS, G., Lieutenant d'Infanterie.
DAMME, J. A. F., Postkantoor.

NIEUWEDIEP

VAN ROSENDAEL, J. W. J. J., Hoofdgracht, K.

NIEUWER-AMSTEL

SAMSON, Henri, 147, Overtoom.

NIMÈGUE

WILKENS, P. G. W., Berg en Dalschen weg.

OOSTERBEEK

PROVO-KLUIT, P. W. H.

OUDENBOSCH

Van Breda-Beausar, J. J., Clerc de notaire.

ROERMOND

Akkermans, H. L., Zwalmerstraat F.
Guillon, Cl.
Raemackers, Jos., Télégraphiste.

ROTTERDAM

Alers, Gérard, Havenstraat, 170.
Arnold, J. J., Mauritsstraat, 21.
Aters, G., Havenstraat, B. 17.
Bach, O., New Bath Hothel.
Bakker, G., Mauritsstraat, 108.
Blokzeijl, A., Aert van Nesstraat, 88.
Bos Jr., L.-J.
Bouman, B.-H., Nadorstr. 95.
Brans, H.-W.-M.-M., Dijkstraat, 59.
Breithaupt, J.-D.-F., Westnieuwland, 31.
Buijser, J.-M., Burgemeester de Roosstraat, 49.
Bulterys, F., Crispynlaan, 32.
de Groot Pzn, J., Oostvestplein, 23.
de Heer, J., Binnenweg, 124 a.
Goekoop, H., Bodersloot, 201.
Groenendal, C., 60, Aert van Nesstraat.
Heuvel, C.-V.-D., Bolwerk, 5.
Huizer, J. J. P., Westzeedijk, 59.
Jongyan, J., Linker Rollekade, 63.
Keyzer, L.
Klokman's, P. J., 85, Slaakkade.
Kohler, J. François.
Kramers et Fils, Libraires.
Louwman et Cie.
Malivoire de Butêt (Mme), Consulat de France, Leuwehaven.
Moonen, E. J. M., Groenendaal, 22.
Mulder-Ruhaak, G. H., Westerhade, 5.
Oudshoff, J. Mauritsstraat, 135.
Pelt Jr., G., Crooswijkschekade, 10.
Philippi, H., Kesterstraat, 48.
Plate, F. J.

Rentes, K. H., Mauritsstraat, 139

Rietbergen, G. M., Baan, 132.

Scheeling, Folkard, Witte de Withstr. 14.

Stoeller, J. H., 10, Alkemadeplein.

Tillemans, L., Crooswijkscheweg, 215.

Timmermans, G., Olden Barneveldstr. 152.

Van Boven, M., Stationsweg, 43.

Van der Linden, A., open, Rystuin, 26.

Van Dieten, J. L., Delsche Vaast.

Van Hoogstraten, D., Spuiwater, 26.

Van Kinschot, Jonkeer, C. Ph. L., Westersingel, 2.

Van Noord, Jr., H., Hugodegrootstraat, 14.

Van Vessem, D. J., Aert van Nesstraat, 150.

Verbeeg, C. J., Kruiskade, n° 21.

Voelcker, F., Stationsweg, 77.

Vervooren, G, Botaniste.

Von Straalen, F. M.

Wagentreiber, W.

Scheveningen

Lukwel Jr., P. J., Villa Hermina, Oude Scheveningsche weg 24 a .

Schiedam

Coebergh, J. B. M., Lange Haven, 223. A.

Drektraan, W, Tuinsingel, 172ᵇ A.

Sliedrecht

Schwan, J. A. A., directeur des postes.

Tiel

Holtz, J., Kalverbosch.

Tilburg

Daamen, Léo, Markt.

Mansé, Henri, Willem II. Straat.

Utrecht

Bernelot-Moens, K.-H.-L., Achter St-Pieter, F. 332.

Blaauw, Otto, Korte Elisabethstraat, D. 235.

Buchs-Ballot, G., Onder de Linden.

De Jong, W., Tolsteegsingel. 27.

DEKETH, G.-C., Van Wijekskade, 325 A.
MAGEDANS, A.-H., Lange Nieuwstraat.
VAN DEN BERG, A. H., Oude Gracht, G., 26.
WILBRING, H.-F.-H., Hoitsema, Maliebaan.

VELP

DE BORDES. C. J., Villa Caprera.
DE VOS TOT NEDERVEEN-CAPPEL MEVROUW, A.-E.-H., Villa Grindhorst.
MARQUARD, F., Huize Oosterwolde.

WAGENINGEN

GOOSSEN CZN, J.

WARMOND

HUILMAND, C. F, A. Séminariste.

WEESP

VAN DE GRAFT, Directeur des Postes.

WINTERWIJK

VAN KINSCHOT.

WORMERVEER

COLLIER, C., Sluispad.

ZAANDAM

VAN DER NOLLE, J. A., Westzijde, H. 317.

ZALT-BOMMEL

DEKKER PZN, N., Markt A. 47.

ZANDWEER

SIKKEMA, E.

ZWOLLE

BISSCHOP VAN TUINEN, K., Groot Weezenland.
DEKING-DURA, A., Hoofd-Ing-Pr, Waterst.

PORTUGAL

AVEIRO

FERREIRA DA MAIA, Ant., rua da Praça, 41.

COIMBRA

ASSUMPÇAO (d'), Bernardo, rua Subripas, 16.
DE CAMARA, Carlos Infante, r. do Borracho, 12, 2°.
DE CASTRO, Tito, Praça 8 de Maio, 18.
DIAS DOS SANTOS, Augusto, rua Sub-ripas, 16.

LISBONNE

ABREU, Manuel Fernandès, Travessa dos Pescadores, 4.
ARROBAS, Madame, rue de Thesauro Velho.
BRANCO, J. Pinto Castello, 72, rua St-Marçal.
DA SILVA, Bartholomé, Largo do Calhariz.
DE LE RETORD, J., 160, rue de l'Arsenal, 3°.
DELPEUT, Léon, 40, rua do Corpo Santo, 1°.
DE SA, Carlos, Emilio, Maison Pereira de Sá et F°.
DE SCHOULEPNIKOW, Hôtel Universel.
DE SOUSA, J. J., rua Paschoal de Mello, 145, 3° D.
DO GILBOA, Armazeas, Comm' d'Artillerie, Beato Antonio.
DOS SANTOS, F. M., 14, rue Poyaes de S.-Bento.
DO VALLE, Julio, rua S. Joao dos Bem Casados, n° 51.
DUFF, Roberto, rua do Guethas, 89.
FORJAZ, Al. Maria Pereira, Calçada de St-Anna, 114, 1°.
GARCIA, Carlos, Augusto, 143, 3°, Calçada da Estrella.
JAUNCEY, Horatio, Maison Creswel et C°.
LOUZADA, Calçada da Estrella, 102.
MARSDEN, J. N., Brazo de Prata, pert de Lissabon.
MARTINS, F. A., 35, Praça Louis de Camoens.
NETTO, R., rua do Salitre, 336.
PAULSTOCKIGT, rua da Saudad, 27a.
PEREIRA, J., rua da Paz a. S. Bento, 62, 3°.
QUEIROZ, Largo do Calhariz, Calçada do Combra, 6.
RODRIGUES, Grégario, Calçada de Estrella, 139.
RODRIGUES, Le Major, rua das Gavens, n° 55.
SOUZA D'ALTE, Luis, Travessa das Picoas, 3.

PORTO

BRANDAO, Alberto Marçal, rua do Heroismo, 273.
BURMESTER, Gerhard, 30, rua do Campo Pequeno.
CRUZ, Manoel, rua da Carvalhosa, 182.
PINTO D'ALMEIDA, Julio, rua da Almada, 291
DAS CUNHA, Ed. A, rua da Raza, Villa Nova de Gaya.

DA SILVA, Mariares, rua da Cordoaria Velha, 59.
DA SILVA CUNHA, Edouardo, Alberto, rua do Infante D. Henrique, n° 32, 1°.
DE MENDONÇA, Carlos, 162, rua da Duqueza de Bragança.
DE NORONHA, Manuel A., rua do Almada, n° 285.
DE OLIVEIRA, Francisco, Villa Nova Famalica,
DE OLIVEIRA, J. Gomes, Marquez de Pombas.
Do LAGO et Rit°, Ant. José, rua de Saint Antonio, 26.
GARCIA et C°, rua de Saint Antonio, n° 40.
DE ALMEIDA GARRET, Francisco, 59, rua da Boavista.
GARCIA Y GOMEZ, Ricardo, rua do Pombal, 61.
GUIMARAES, Joaquim L. da Motta, rua da Boavista, 131.
KATZENSTEIN,. W.
KROHN, H.-T., rue de Villar, 18.
LEITAO, Virginio, rua do Visconde de Bobeda, 52.
LIMA, Julio, 44, Praça da Boavista.
MÈGRE-RESTIER, A., 47, rue Passos Manoel.
NUNES, Valentin, rue de Cedofeita, n° 402.
PEREIRA DE FIGUEIREDO, J.-F., Villa Nova de Gaya.
PIMENTA, Joao-Dias, 136, place D. Pedro.
RAMOS, Elgrio-Augusto, rua da Madeira, 71.
TERRAZ, F.-L., rua do Costa Cabral, 246.

PRAIA D'ESPINTRO

LARDOSO DE LUCENA, José.

SANTAREM

MONTEZ, Manuel Pedro.

THOMAR

PINTO, Francisco Julio Sousa, Delegado da Comarca.

ROUMANIE

BRAILA

LIVADAS, C. D., Gd rue Bolintinenu, n° 17-18.

BUCAREST

ALCALAY, M., 112, rue Mosilor.
BIRNBACH, H., str. Sfinti, 39.
CESIANO, J., 8, Strada Columb.

CHRISTU, Jon. P., Banque Nationale.
COSTESCU, D. J., 103, rue Lucaci.
ÉLIAS, Louis, Strada Carol, 94, Municipala, 1.
GOLDMAN, Marcelli, Calea Mosilor, 82.
KATZ, Isac, et Cie, rue Calarasie, 139.
MARCUS, M., Sf. Apostol, 7.
MOROIU, C. M., 27, Strada Morfeu.
PANCU, A. G., 11, Victoria Slatari.
ROSENTHAL, Mauriciu, rue Sfintilori 56.
SCHWARTZ, Jacob, Str. Sf. Vineri, 13.
SELIGMANN, Hugo, Strada Tudor Vladimirescu, 17.
VINCLER, E., 15, rue Espagnole.
WORTMANN, JACQUES.

CRAIOVA

LOGADI, Colonel.
THORAND, J., Colonel.

FOCSANI

CHARRAS, Ignace.
POTAMIANO, N. D.

JASSY

BAYER, Jean.
CERNE, Titus H., 279, rue Alba.
HIRSCHENSOHN, H., str. Sararie, 153.
STIHI, M. C., str. sf. Athanase, 21.

PITESCI

BECK Wilhem.
LAZAR, I. M.
LAZARE, Henri, 1V, 3 Gymnasiast.
ROSEVALLÉE, Mauriciu.

TURN-SEVERIN

ARSENTI, F.

RUSSIE

ABO (*Finlande*)

HOLMSTROM, Alfred.

6

Lundh, Rafael, Westerlanggatan, n° 3.
Ullner, G. Alf.

Alt-Fennern, près Pernau-Livland.

Harder, A. W. v.

Archangel.

Paetz, Edmund, at E. Lindes.

Batoum

Heine, Emile, Société Bnito.
Loevenich, Josef.

Bogorodisk (Gouvernement Tula)

Rosen, (Baron de).

Chateau Wesenberg (Esthonie)

De Rennenkampff, Ch.

Chotyn

Saas, J.

Dorpat

Britzke, Oscar, Russ. st., 2.
De Baggo, Edouard.
Mattiesen, Emile.
Plamsch, Adolf., Petersburgerstr, 68.
Sarring, A., Postbeamter.

Feodasia (Crimée)

Retowski, O., kais. russ. Staatsrat.

Fredrikshamn (Finlande)

De Freymann, Otto.

Hapsal, près Reval

Von Uxkull, Bernh. villa Favorita.

Helsingfors (Finlande)

De Gerich, P.
Dittmar, Max.
Florin, Dr. J. A., Myntgatan, 4.

GRANBERG, R., Vestr. Henriksg, 14.
GREUMAN, Harald, St. Robertsgatan, 3.
HEINBURGER, Roland, Boulevardsgatan, 15.
HENRICI, Eug., Konstantinsgatan, 8.
LINDBERG, Bjorn, Jardin Botanique.
PALANDER, N., O. Henriksg, 15.

KIEW

HOSTONSKI, B., Rejtarskaja, n° 17.

LEMBOIS v. WALKIAKOSKI (*Finlande*).

NYQUIST, Gust.

LIBAU

ANSULT, E., Schewedische, str. 5.
SCHEINLING, Albert, chez L. Rostowsky et C°.

MITAU

FRIEDLANDER, Louis.
GOUROVICH, B., 23, rue Grecque.
MICHELSON, Ed.
NEDELA, Adolf v., Palaisstr., 28.
TRAMPEDACH, C., Fabrique de produits chimiques.
ZINNOWSKY, Wilh., Muhlenstr., 17.

MOSCOU

FRIES, Karl, Grosse Presnja, Haus Schemjakin, n° 32.
HAHN, John, Tverkaja, Degtarni per n°8 (quart. 2).
HARMES, Louis, chez Louis Rabeneck.
HERZENBERG, Leonhard.
JACOBSON, Max, Pokrowski Boulevard, haus Medynzewoi, qu. n° 7.
KOTOFF, Féd. Nic., rue Préobrasheusk.
SCHEIKÉVITCH, Antony, rue Prétchistenka.
SCHEWELEFF, A., rue Vosdvijenka, Maison Armand.
STEUDEL, Albert.
UCKSCHE, A.-A., chez James E. Bell.
WOROBIEFF, M., Gesellschaft der Manufacturen Baranoff.

NYSTAD (*Finlande*)

TRAP-HOLM, L.

ODESSA

AKSIUK, Nicolas, libraire.

BRANNASKY, Gust., 12, Dworianskaja.
DE COURIS, J. J., Excellenz.
KNORRE, E., Consulat de Turquie.
LEWITA, E., Langeron, 17.
LOEVENICH, J., Dworjanskaja, n° 12.

REVAL

BROSSE, Théodore.
JURGENS, Woldemar.
KRICK, W.
QUAADE, C.

RIGA

BOCHMANN, V. Dr., Vorstadt, Ritterstr. 9.
BUENGNER, Gust. V. Mühlenstr, 48 I.
GABRICK, E., Fabricant de ciments.
GULICH, J., chez Bett et Cⁱᵉ.
GUTTMANN, J., chez Helmsing et Grim.
MARTINSOHN, Jeannot, Marstallstr., n° 12.
SCHNEIDER, Oscar, Todleben-Boulevard, 2.
SIKORSKI, L., Gertrudstr. 41.
WETTERICH, Anton.
WITTOMSKY, D., Scheunenstr, n° 13, Y.
WOLKOW, Th., Kalkstrasse.

RJASAN

TROJANOWSKY, B. Dr.

ROMANOW (gouv. Volhynie)

DE STECKI, Henri, poste Cudnow.

SAINT-PÉTERSBOURG

AGTHE, Wilhem, Grosse Kuscheinjoo, 1ⁱⁱ
BOETTCHER, A. N., Sergiewskaja, n° 61.
BORODOULINE (Mᵐᵉ) A. K., Fontanka, 35 ; 39 log' 5.
BREITFUSS, F., grande rue des Ecuries, Maison Weber, n° 13 ; logement 46.
CIARDI, Jean, Maison Delmas, petite Morskaïa, 9.
DE FREYMANM, Edouard, Rousoffskaja Oulitza, caserne des chasseurs.
DE SAUVAGE, S., petite Morskaja, n° 20.
EGERMANN, O. F., Fontanka, 35-39, log' 5.
HEESEN, Victor, Wassili Ostrow, Kleiner prospekt, n° 10.
KIRCHNER, Georges, Forgovaïa, n° 20.
KNIEST, S., Meschtschanskaja, 14.

KREWING, Jean, Neu Peterhofer prospect. 17.
LOHMEIER, Carl, Wassili Ostrow, Tschekuschy, Le terlinie, n° 39, quart 1.
NISSEN, Oscar, 42, Grosse Morskoi.
OSTAFIEEF, Dmitrius M., Ismailoffski Polk, 3 te Rotte 8/10.
PETO, R., Newsky, n° 20.
SCHNEIDER, Julius, Neuer Peterhofer prospect. n° 16. q. 17.
SCHULTZ, Victor, Crédit Lyonnais.
STEUGER, Emile, Jardin Impérial de botanique.
STUDE, F. B., Erbsenstr. 5.
VON WAHL, E., Spasskaja, 16, Qu. 44.
WAEYTENS, Pierre, petite Morskoï, Hôtel de Paris.

SUDOGDA

SEDERHOLM, A., Chef Militaire.

TAVASTEHUS (*Finlande*)

SVINHUFVUD, Sigurd, haradshöfding.

TIFLIS

D'ARNAUD, Victor.
STAHL, A. F

ULABORG (*Finlande*)

LOFGREEN, C. A., Capitaine.

UTRA, près Joensuu (*Finlande*)

VEISELL, J.

VASA (*Finlande*)

SVANLJUNG, Matti.

VARSOVIE

DURST, Emile, Leszno str. 88, Wohnung. 7.
LAJER, K., chez Bracia Henneberg.
MULLER, Alex., 16, Wolnose.
PREYSS, A., 12, rue Hoza.
REPPHAN, A., Konigstr. 16.
ROZMANITD, A., Tamka, n° 23.

VOLOGDA

ORKETSCHKIN, Theodor.

WELZ, près Leal

DE UNGERN-STERNBERG, N.

Wiborg (*Finlande*)

Michailoff, Joh.

Wilna

Hirschmann, S.

Woldemar

Adlerberg, Poststr.

SERBIE

Belgrade

Berics, Georg., Brieftrager.
Beslic, Jovan, Beamter im Konigl. Finanz. Ministerim.
Bosse, W., Herrengasse, 5.
Csurcsics, Petar, Libraire.
Ponicke, Guillaume, Xylographe de l'Imprimerie de l'Etat.
Poppovic, Stevo J.
Poricke, Wilhem, Xylograph.
Purits, A., Libraire.
Terzibaschitsch, Milorad M., Négociant.

SUÈDE

Bjersjolagard

Pope, C. E., (Mᵐᵉ).

Boras

Borgeson, L. G.

Carlstad

Caesar, Napoléon.

Falkenberg

Humbla, A., Pharmacien.

Gefle

Wikstrom, Einar, O. Ruddamsgatan, 58.

GENEVED-WEDUM

ANDER, K., V.

GOTEBORG

AKTIEBOLAGET GOTEBORGS-FRIMAKS AFFAR.
BRUSEWITZ, E., 20, Wasagatan.
FRIBERG, John, Bellmansgatan, 15.
HALLBERG, Albert, Husargatan, 11.
LINDRÉ, Sven.
SELVIG, Oscar, Magasingatan.

GUSTAFSMINNE, près Morarp

CHRISTIANSEN, Eduard, Arrendator.

HELSINGBORG

COLLIN, Dr. John, Stadshakare.

KALMAR

DAHM, W.

KARLSBORG

SCHEFFER. Carl, Lieutenant.

KARLSTADT

ANDERSSON, Eril.

KOPING

OLSSON, Axel

LERUM

WAHLIN, P., Lextorp.

LIDKOPING

ANDERSSON, G. W., telegrafstationen.

LUND

LUNDH, Sigfrid, Fil. stud.

MALMO

GJERTSSON, Emile, Haradshofding.
NILSEN, Woldemar, B., Ingénieur.

NORRKOPING

BERGMAN, Arvid.

Blom, F. G., N° Stromsgatan, 15.
Lindberg, Herm.
Tornequist, John.

Oscarshamn

Strohm, G., Rector et Ritter.

Stockholm

Andréen, F. W., p. a. Central Tryckeriet.
Bruzelius, R., Riddargatan, 27.
Carlsson, H., Thulegatan, 21 A.
Johansson, Josef, chez M. K. A. Almgren.
Lichtenstein, H., 75, A. Regerinsgatan.
Norman, Justus.
Soderberg, L., Norra Smedjegatan, 25.
Sundberg, Axel, 48, Sturegatan.
Weber, Michel, Sibyllegatan, 26.
Zacco, H. F., Uplandsgatan, 35.

Umea

Oxehufwud, B., Strafanstalts-Direction.

Utleg Sollebrunn

Hallberg, C.

Wenersborg

Haglund, Alfred, Kaufmann.

SUISSE

Aadorf

Gutekunst, W.
Maximian, A. O.

Aarau

Buehrer, Carl.
Stachelin, Oscar.

Aarburg

Zimmerli, Hans.

ANIÈRES (*canton de Genève*)

STROEHLIN, Paul.

AUBERSON

CUENDET, Emile
GUEISSAZ-DESPONDS, Emile.
MARGOT, Jules, Fabrique.
MARTIN, Alfred.

AUSSERSIHL-ZURICH

MULLER, Carl, Lagerstr. 96.

BALE

FREY, Ed.
GLASER, Fred., Care Zaeslin et Baumann.
GLENK, H., Hochstr., 51.
GWINNER, J., Hegenheimer.
HILDEBRAND, Ed., Maison Danzas et C°.
REIDHARR, L., Dr. Méd. Margarethenstr. 7.
STREMAYR-RUPP, E. V., 15, Thanner st.

BELLINZONA

BUDLINGER, O.

BERNE

BEER, A., Dr., Zahnarizh.
BRANDT, Aug., Amthausgasse, 2.
DUBOIS, Ch., Chancellerie fédérale.
DURIG, F., Gerechtigkeitsgasse, 71.
EGGER, E., Spitalg, 19.
GEISER, B., 12, rue Neuve.
GERHARDT, G., Brunnhofstr., 9.
GRUBER, O., Adjunkt.
HEFTI, J. R., place des Greniers.
HEUSS, Dr. E., Effingerstrasse, 44.
HOERNING, A.
HOSSMANN, G.
JENZER, A., rue des Fontaines.
KOENIG, Rud., Herrengasse, 17.
LIPS, Henry, Schauplatzgasse, 35.
MAUDERLY, P., Cantonalbank.
MENN, G., Direction générale des postes.

PAPPE, F., Kramgasse, 54.
PHILATELISTEN-VEREIN.
POYET, Ch., Christoffelgasse, 6.
REICH-LANGHAUS, Hutmacher, Aarbergasse.
REINKE, Paul, Hochfeldweg, 9.
RICHARDT, Aug., Kramgasse, 38.
SALZMANN, F., rue des Fontaines, 8.
STOLL, Armand, Junkergasse, 34.
STREIT, R., Postbeamter.
TREUTHART, Instructeur secondaire, Thalweg, 12.
VALENTIN, Dr., Gaberslaube.
VEHREN, Caisse Hypothécaire.
WALTHER, Oscar, Villa Feldheim, Langgasse.
WIDMER, A., Schlosshalden, 23.
ZURBRUGG fils, 21, Aarbergergasse.

BEX

RUEGG, E., Maison Schwerzmann.

BIEL

HOFER Jun. Fr., Gaswerk.

BIENNE

BAEHNI fils, J.
MOSER, F., rue Basse, 123.
NADENBOUSCH, L., (Mlle).

BIROFELDEN (près Bâle)

KUNZ-MULLER, Th.

BRASSUS, (Vallée de Joux)

GOY, Alf.
PIGUET, Paul, horloger. (Piguet-Dessous).

BRILLANCOURT, (Ouchy)

DE REUTERSKIOLD, A.

BURGDORF

STEIGER, Wilh.

CHAUX-DE-FONDS

GUINAND, Sully, 4, place Neuve.
MICHAUD.
REUTTER, L., Architecte.

COIRE
SORMANI, H.

CORSIER s. VEVEY
CUÉNOD, Gustave.

COURROUX, près Delémont
FARINE fils, Ariste.

DAVOS-PLATZ
HECKEL Paul.
VAN DEN STAEPELE, A., Maison Casparis.

DOUANNE
GROSS, Edouard.

EINSIEDELN
GYR-TANNER, K., Z. Pfauen.

FRAUENFELDT
PFENNIGER, Fritz.

FRIBOURG
GOTTRAU, Bat., 30, Grand'rue.
GREMAUD, Commis des Postes.
MOSCHR, Alf., 100, Neuveville.

GENÈVE
ABDERHALDEN, H., 5, rue des Pâquis.
BONIJOL, S., 12, Tranchées de Rives.
CANARD, Jules, Terrassière, 46.
CHAFFARD et Cⁿ, P., 9, rue des Pâquis.
CHAMPION, Adrien, 7, rue du Commerce.
CHAMPION, Th., 12, Vieux-Billard.
DIDES, H., 7, rue de l'Entrepôt.
GEOFFROY, C. M., 9, quai des Bergues.
LAURENT, Ch., Case 96, Grande poste.
LIBOUREL (Mᵐᵉ), 5, rue Neuve du Temple.
MARLIÈRE, C., 46, rue du Rhône.
MONTANDON, 12, rue de Candolle.
MURISET fils, François, 10, quai de la Poste.
NAEGELI, J., 18, Cours des Bastions.
NOEL, E., Grand Quai, 28.
NOVERRAZ, A., 10, Grand Mezel.
PASCHE, L., Bourg de Four.

PONCET, 41, rue de Monthoux.
SORDET, Edouard, 17, rue de Candolle.

HOTTINGEN-ZURICH

VOEGELI, Carl.

LAUSANNE

CHENEVIÈRE, G.
GRANDJEAN, M., 24, place de la Palud.
KIRCHHOFFER, H., 3, avenue Beaulieu.

LE CLOSY SUR BRESSONAZ (*Vaud*)

VUAGNIAUX, E.

LE SENTIER (*Vaud*)

CAPT, William, Receveur.
LÉON F., Pasteur.

LUCERNE

DUGGELI, Otto, Halde.
FISCHER, Ernest, Kasernenplatz,
KELLERHALS, G.

MANNEDORF

WEBER, J., Instituteur.

MONTREUX

HENSELER, Ant., Représentant.

NEUCHATEL

DROZ-NEEB, Ed.
DUBIED, Ariste, chez M. E. Lambelet, Evole, 23.
FUHRER, Christian, 8, rue St-Honoré.

ORIENT-DE-L'ORBE (*Vaud*).

CAPT, Alexis.
CAPT, Eug. Ad.
CAPT, Henri.

POSTE DE SURSÉE, près Lucerne

ERNI, Joseph.

ROLLE (*Vaud*)

BRUNNER, Math. Institut Schmutz.
SCHMUTZ, Paul.

RORSCHACH

ERICHS, E.
SCHENKEL. Conrad.

RUTI (*Zurich*)

SÉQUIN, Emile.

STE-CROIX

DELAY, Albert.
DEMELAIS, Jules, 1, rue du Chasseron.

SAINT-GALL

HASLER. F., Rathausangestellter.
LINDAU, Joseph.
LIPP, Jean, Carlshof. 18ᵇ.
PFENNINGER, Otto.

SAINT-IMIER

EBERHARDT, Paul, Peintre.
GROS, Ernest.
HOFFMANN, Ch.-Eug., Négociant.
MERKT, Ch.
PRIMAULT. Ren.onteur.
SANDOZ, Paul, rue des Marronniers.
WILD. Commis.

SAINT-MORITZ (*canton de Graubunden*)

BERRY, Marius.

SCHAFFHAUSEN

JOOS, Jr., Emile.

STANS (*Nidwalden*)

FLURY, Edouard,
JANN. Ad.

THUN (*Canton de Berne*)

HIETZSCHOLD. H., poste restante.

TRAMELAN

GUÉDAT-FREY, J.

TROGEN

ZELLWEGER. Gustave.

Uznach

Fritschi, Alfred.

Wandensweil

Zieggeler, A.,

Weiern-Mannedorf (canton de Zurich)

Gugolz, Gottfried.

Wiedikon-Zurich

Meyer, E.

Yverdon

Meystre, Denis.

Zurich

Baumann, A., Aussersihl, 1, Cramerstrasse.
Beau, J.
Boelsterli, Carl.
Burgi, Eug.. 145, Seefeldstr.
de Terra, Max. p. ad. Zahmarzt, Paul de Terra.
Fierz, Theodor, care of Heinrich Fierz.
Frick, H., Sihlstrasse, 48.
Koehler, E., Hechtplatz.
Meyerhofer, A., Architecte.
Morthier, D. H.
Müller, Max, Nonnenweg, 61.
Ochsner-Wehrli. Ed.
Saladin, Julius.
Schulze, Ad., Munsterhof, 14.
Steiner, Emil, Postfach, 2359. M. S. Z.
Sturm Jr. Jos., Seefeldstr, 41.
Voegeli, R.

TURQUIE

Constantinople

Alan, Paul, A., Dette Publique Ottomane.
Alisaffi, Louis, rue de .'ostes, Péra.

ALISAFFI, Philippe, rue des Postes, Péra.

ANASTASSIADÈS, Abraham, rue Hamidié 66, Stamboul.

ARCHAK, S., rue Misk. 36, Péra.

BRUNDEL, Diatar, d. Kaiserl. deutschen Consulats.

CALVET, Eug., Bureau postal français de Galata.

CASTANACHI, Paul. L. Halil-pacha, han n° 15, Galata.

CLYRONOMIDÈS, Léonidas, Pharmacie Vélits, 68, Yuksek-Caldirim, Galata.

CONSTANTINIDÈS, G. A., 12, Yildiz Han, Galata.

CRASSENSOHN, Léopold.

DE MECKBEKER, E.

DOURSOUN, A., British-Post-Office.

FABIATO, S., Société Ottomane.

FROHLICH, Aug., p. ad. C. Frohlich.

GLAVANY, Alfred.

HEFTER, H.

HOVSÉPIAN, S., 60, grande rue Hamidié.

HRUBY, Robert, au Téké (Péra), n° 557.

MANANTI, S., Galata.

MARCUS, M.-H., Deutche-Post.

MORELLI, Otello, au Crédit Lyonnais.

NAAMÉ, J. A.

OHANESSIAN, Apeth, 31, Bal-Kapan-Han.

PAPPAYANNOPOULO, Th., Secrétaire à la sous-direction du Lycée de Galata-Séraï.

PATRIKIO, P. A., Greek High Commercial School, Halki.

PALUKARAWE et C°, Care of British Post office.

SANTORO, Henry.

SÉMÉLAS, Régie des tabacs.

SINGER, B., Poste Autrichienne.

TASARTEZ, Benforado, H., rue Yasidji, Camondo Han.

TASARTEZ, Galata.

TAVOUKDJI, Paul, Crédit général.

TCHAKIDJI et C°, 2 et 5, Zindjirli-Han, (Galata).

TCHARKIAN, Antoine, Stamboul.

THALASSO, Casimir, Employé à la Foncière, C¹ᵉ d'assurances contre l'Incendie près du pont de Galata.

VASSILIADIS, Jean, rue Yuksek-Kaldirim, n°ˢ 6 et 608.

SALONIQUE

NOAH, Saül, près du Théâtre Français.

AFRIQUE

AÇORES (ILES)

Angra do Heroismo

José da S. Maya, Dr.
de Freitas, J. V., Terceira.
de Mendonza, Alfredo.
Pachaco, Nuno, Caetano.
Ramos, Clemente E.
Sampaio, Alfredo, Terceira.
Viera, Alfredo E. Rocha.

Horta-Fayal

de Medeiros, Manuel G.
do Canto, Ernesto, Amaral.

Velas S.-Jorge

Borges d'Aiela, José.

ALGERIE

Alger

Almandoz, G., 14, rue Bab-el-Oued.
Bonnardot, A., 7, rue de Tanger.
Collin, 2, rue Vialar.
Fimbel, L.-A., au Crédit Foncier et Agricole.
Jehel, G., rue Cavour, cité Bisch, Villa Arn.
Lacombe, chez M. Coppe, Libraire, 13 rue Bab-el-Oued.
Milhaud, Charles, 2, rue Tourville.
Norès, Edm., 2, rue Vialar.
Rannou, A., chez MM. Saint frères (sur le quai).

Bel-Abbès

Renoux, G., Administrateur de commune mixte.

Domaine des Hamyans (C^{ar} *de St-Leu*)

Simon, F.

Oran

Deshayes, G. S., 5, rue de la Fonderie.
Flahaut, E., Ingénieur civil.
Foucque, Alexandre, Entrepreneur.
Gilg, Louis, 5, rue du Vieux-Château.

Rovigo, près Alger

Benoit, Dr. G.

CANARIES (ILES)
Espagne

Arrecife de Lanzarotes

Cabrera, Eduard Colly, Calle de Mina, n° 2.
don Cabrera y Martinon, Rafael.
Navarro, Jéronino, Diaz, Calle Nueva, n° 12.
Rodriguez, E. M., poste restante.
Topham, Adolfo, P., Léon y Castillo, n° 27.

CAP DE BONNE-ESPERANCE

Bedford

Collins, F., Glenhynden.

Cape Town

Schreiber, Wm., 7, Church st.
Schonegevel, H.-W., Maison Lennon et Jebb.

Kimberley

Peycke, R., Box 284.
Wolf, Sigmund.

Prétoria

Chaplin, J.-W., chez MM. Ed. Lippert et C°, Box 273.

7

Port Elisabeth

Drège, J.-L., Pharmacien.
Hormann, H., Maison Engelken et Cᵉ.
Kiessig, O., chez Schnitzler, Michel et Peycke.
Meyer, G.-A., chez MM. Arthur et Cᵉ.
Uebel, Alex., Maison Ed. Lippert et Cᵉ.

EGYPTE

Alexandrie

Barckhausen, L., Lithographe.
Chéboub, Gabriel, Interprète au Tribunal de la Réforme.
Dollinger, L., Maison A. Dollinger.
Gevairgean, S., Bureau postal de la rue Minet-Bassal.
Heischel, F., Glasmanufactur Brüder Heischl.
Hollstein, H., chez L. Meushausen.
Kebal, Wilhem, Directeur du Club Khédivial.
Marcopoulos, Sotirios, pour son fils.
Merlander, L.
Mizrahi, D., chez MM. Mire, Barda et Cᵉ.
Moggiar, Pierre, chez C. D. Moulet et Cᵉ.
Passalidis et Cᵉ, E., pour M. Christophe.
Romeo, E., chez A. Pirona.
Rosenberg, Silvio.
Ruelons, P., Avocat.
Salama, J., chez M. G. Riecken.
Toccos, Michel, D.
Zanopoulo, Sotirio

Le Caire

Aphtonidès, G. Attaché au Ministère des Affaires Etrangères.
Bettelheim, Charles, Poste restante.
Colucci, L., Laboratoire Kédivial.
Grunberg, B., Box 492.
Koch, Gustave

LAMBERT, Ch., attaché aux Postes Egyptiennes.
LÉVY-GARBOUA, Moïse Joseph, pour J. Lévy.
ROSSICCI, Georges.

PORT-SAID

BOVY, Julien, Employé à la Cⁱᵉ du Canal de Suez.
DE GAVOTY, H., Consulat de Russie.

SUEZ

LEWICK, C. K., Chef du bureau Postal.

MADÈRE (ILE)

FUNCHAL

CALRADE, Simon, Noranha.
DE NORONHA, C. C.
HEIDL, (Mⁱˡᵉ), chez M. Gibbs.
REICHMAN, Mevrouw, Max, rua des Bruges, 23.

MAURICE (ILE)

CUREPIPE

VITRY, Henry.

PORT-LOUIS

AMELOT, R., 22, rue du Gouvernement.
BERGER, Edouard, 9, St. George st.
CARTENS, A., chez M. H. G. Anst.
CHASTELLIER, Adrien, Curepipe road.
GODEFROY D'EZ DE CHARMOY, 14, rue du Hasard.
HUGNIN, Louis.
MAZERY, Thérèse (Mⁱˡᵉ), 42, rue Labourdonnais.
RAC, Albert.

NATAL

DURHAM

BROWN, J. H., Addington.

HIGHAM, R., Alexandria Stores.

LADYSMITH

BARTLETT, J. T.

FRANCIS, J. T.

JANION, H. H.

TAYLOR Ed.

PIETERMARITZBURG

O'BRIEN, W. J.

SIMPSON, G. W., Town office.

WALKER, L. H. J.

RICHMOND

SCOTT, Franck, C.

ORANGE

FAURESMITH

TRAULSEN, W.

ROUXVILLE

ROBERTS, E.

SENÉGAL

RIO-NUNEZ

ELLENBERGER, R..

TRANSWAAL

WATERBERG

TAMSEN, Emile.

TRIPOLITAINE

TRIPOLI-DE-BARBARIE

ADRIEN, Institution Ste Marie.
DEMOSTHÈNE, Th., et Cie.
GADZINSKI frères.
SEGOND, L.
TAYAR, Joseph, C., attaché au Consulat Général d'Angleterre.
THEOLOGO et Cie, Demosthène.

TUNISIE

TUNIS

ADAMANTIADIS, Hilson, rue des Tanneurs.
BARANÈS, Elie, chez M. R. Scemama, 2, rue de l'Eglise.
CANTON, Albert, 12, rue d'Algérie.
COHEN, J., chez M. Camillieri.
COHEN et SITBON, 13, rue des Colonnes.
FORTI, Albert, 2, rue des Glacières.
GOZLAN, Albert d'Isaac, 11, rue de l'Agha.
KISRAOUI, J. et Cie, 31, rue Sidi Kalf.
LUMBROSO, Albert, chez M. Mossé, 67, Avenue de la Marine.
MARTINIER, A., 25, Avenue de la Marine.
PASQUIER, L., 6, rue de Hollande.
TISSOT, L., 130, rue des Etoffes.
YOUNÈS, A. et Cie, 40, rue El Hammas.

ZANZIBAR

ZANZIBAR

RABE, Hugo, Usagara-House.

AMÉRIQUE DU NORD

BERMUDES (ILES)

HAMILTON

DICKINSON, Edward.
GRAY, Réginald.

CANADA

Barrie (*Ont.*)

Laur, Alfred, Box 342.

Chicoutimi

Huard, (l'Abbé).

Fraserville (P. Q.)

Langlais, Arthur.

Halifax. N. S.

Andrews, H., 20, Buckingham st.
Cass, J. E., 208, Argyle st.
Creed, F. O., Box 88.
de Blois, Geo, 385, Brunswich st.
de Wolf, A. B. S., Box 115.
Hart, H. L., Box 231.
Hechler, H., 184, Argyle st.
Kaye, F. C., 38, Kaye st.
King, Donald, A.
Mathers, H., Box 234.
Molloy, Maurice, S., 33, Acadia st.
Noble Crane, J., Box 534.

Larochelle-Hotel. P. Q.

Fallot, Art.

Lauzon (P. Q.)

Bergeron Jr., E.

Melbourne P. Q.

Taylon, Capt. E. T., Upper.

Montreal

Charpentier, A.-A., 156, rue St-Denis.
Comte, D.-A.-Aug., 190, rue St-Urbain.
Forbes, Joseph, 175 1/2, rue St-Urbain.
Harte, Henry-S., Box 1896.
Labelle, A.-E., 202, rue St-Hubert.
Lancey, Alf., Box 2066.

LIONAIS, A., Box 951.
ROB'T. F. Mc. Rae, 573, St-Urbain st.
SICOTTE, Paul, 202, rue St-Hubert.

OTTAWA (*Ontario*)

AUBÉ, Jos., 48, rue Daly.
AUDET, F.-J., Archiviste au Secrétariat d'Etat.
HOOPER, John-R., 559, King st.
NICOL, Geo-Mc., 376, Gloucester st.
PAQUET, F.-X., Départ. des travaux publics.

OWEN-SOUND (*Ontario*)

BUTCHART, A.-S.

PETERBOROUGH (*Ontario*)

KETCHESON, M.-H.-F.

QUÉBEC

MORENCY, G.-C., Box 513.
WRIGHT, Charles, 98, St-John st.

RIVIÈRE DU LOUP (en bas).

LANGLAIS, Ernest.

TASKET-WEDGE (*N. S.*)

CROUZIER, Rev.-J.

TORONTO (*Ontario*)

LAURENCE et Cie, 16, Dermot place.
LEIGHTON, J.-A., 67, Denison Ave.
MAHON, Walter Mc., 65, Melbourne Ave.
PARKER, E.-Y., 57, Huron st.
PHILATELIC TORONTO C°, 106, Huron st.
WILBY, Wilson, 104, 110, Yorkville Ave.

WOLFVILLE (*N. S.*)

HAMILTON, S. A. (Mlle).

COLOMBIE ANGLAISE

VICTORIA

ANDERSON, A. C., 209, Fort, st.

ETATS-UNIS

AKRON (*O.*)
SMITH, S. C.

ALEXANDRIA (*Va*)
SEMMES ET LAMBERT, Box 9.

ANN-ARBOR (*Mich.*)
NOBLE, C. W., 24, S., Division st.

ARLINGTON (*Mass*)
HOITT, A. W.

BALTIMORE (*M. D.*)
BAITZELL, W. M. E., 412, N. Howard st.
LOHMEYER, A., 922, N. Gilmore st.
WETTERN Jr. Wm. v. d., 176, Saratoga st.

BATESVILLE (*Arkansas*)
REIMERS, John, Box 71.

BATON-ROUGE (*La*)
HERTHUM, G. A.

BEAVER (*Dam*)
JACKSON, Francis, Wayland'Academy.

BETHLEHEM (*Pa*)
PARKER, E. T.

BIGHAMTON (*N. Y.*)
OGDEN, C. H.

BIRMINGHAM (*Ala*)
WHITE, Murray,

BOSTON, (*Mass*)
BULLARD et Cᵉ, A., 97, Pembroke, st.
CONANT, H. et J.
HOLTON, E. A., 8, Summer st.
MASS STAMP Cᵉ, Box 1461.
SCHWARTZ, David, 10, Wall st.
TAYLOR, Allan, 24, Congress st.

Bradford *(Pa)*

Clure, R. W. Mc., 57, Summer st.

Brooklyn *(N. Y.)*

Betts, Benj., 40, Bond st.
Determann, H., 22, Strong Place.
Franklin Stamp C°, 410, Tenth st.
Galtjens, J., Chas. 401, Tenth st.
Gregory, Chas., 5, Montague Terrace.
Komstedt, Axel, 440, sixth ave.
Mason, Noah, 430. Tenth. st.
Nast, F. A., 86, Keap. st.
Ogden, Beecher. 410, Tenth st.
Pooley, Claude, N. A., 514, Tenth st.
Rice, Harold, Sixth ave., near Carroll st.
Seymour, Geo,. E., 75, Marcy ave.

Buffalo *(N. Y.)*

Willis Munro, 513, Delaware ave.

Cambridge *(Mass)*

Hubbard, Dr., 21, Craizie str.

Cambridgeboro *(Pa)*

Wilber, H. B., et C°, 14 et 16, Main st.

Chatham *(N. Y.)*

Vincent, F.-P., Box 28.

Chelsea *(Mass.)*

Tyler, A.-G., 91, Mavrich st.

Chicago *(Ill)*

Adams, C.-C.
Hartman, J.-E., 123, 5 th. Ave.
Knoble, Theo., 573, Cleveland.
Kuchel, C.-J., 442, Superior st.
Mitchell, T.-J., 348, Fulton st.
Preke, Edwards et C°, 2728. Calumet Ave.
Reinach, Chas.
Scheible, Otto, 486, N. Franklin st.

WILCOX et TOWER, 70, State st, room 312.
WOLSIEFFER, P.-M., Drawer, 707.

CINCINNATI (*Ohio*)
FADDEN, F.-T. Mc., Bosebank, station K.
MCLAUGLIN, Gordon.

CLEVELAND (*Ohio*)
LAREN, W.-W. Mc., Nat'l. Bank of Commerce.

CLIFTONDALE (*Mass.*)
TAYLOR, G.-W.

COLDWATER (*Kass.*)
JONES, C.-V.

COLLINS (*Texas*)
NOYES, Frédéric.

COLLINSVILLE (*Ill*)
CHANDLER, N.-W.

CRAWFORDSVILLE (*Ind*
SMITH ET RODERICK, 607, S. Water st.

CRETE (*Nebr.*)
GREEN, Guy.-W.

DANVILLE (*Ill*)
STEPHENS, Robert-L.

EAST-BOSTON
JACKSON, W.-B., 605, Bennington st,

EFFINGHAM (*Ill*)
MAUDUIT, L., Box 266.

FALLSINGTON (*Pa*)
BEANS, E.-B.

GALVESTON (*Texas*)
GURDJI, W.

GOSHEN (*N. Y.*)
JONAS, Henry.

GRAND RAPIDS (*Mich.*)
THELPS, E. C. 193, Barclay st.

HAMPTON (*Virginia*)

KUTSCHL, Paul, W., Box 31.

HANOVER CENTRE (*Ind.*)

MASSOTH Jr. F. N.

HARRISBURG (*Pa*)

FINNEY, Maurice, E.

HARTFORD (*Conn.*)

CAMERON, Chas. E., 964, Asylum Ave.
CHAPIN, C. A., 93, Main st.
MORRIS, J. F.

HIGHTSTOWN (*N. J.*)

DEATS, H.-E., Collectionneur.

HOBOKEN (*N. J.*)

RECHERT, Joseph.

JERSEY-CITY (*N. J.*)

GERARD, E.-S., 30, Long Ave.
HOLMES Jr., Joseph, 237, Pine st.

KANSAS-CITY (*Mo*)

PARRISH, W.-J., 1512, Park Ave.

LA FAYETTE (*R. I.*)

ARNOLD, W.-P.
HATCHER, Rob.-S.

LONG ISLAND CITY (*N. Y.*)

ENEGUIST, Erick, 111, Flushing st.

LOS ANGELES (*Cal*)

DUNNING, A. W., P. O. Drawer, 3.036.

LUTHER (*Mich.*)

VERITY, W. H.

MAPLEWOOD MALDEN (*Mass.*)

MOODY, H. C.

MEMPHIS (*Tenn.*)

BOTTO, W. D., 140, Second st.

MILWAUKEE (*Wisc.*)

SCHAD, W. F., 150, Reed st.

MINNEAPOLIS (*Minn.*)

OIVRE, Alfred, 2200 — 8 1/2 st. South.

NANTUCKET (*Mass.*)

SWAIN, Geo. P.

NEWARK (*N. J.*)

PRIETH, L. J., 42, Mercer st.

NEWMARKET (*N. H.*)

GOODRICH, W. H., Masonic Block.
PINKHAM, F. H., Masonic Block.

NEW-ORLÉANS

ROSENBERG, A., 152, Delord street.

NEWPORT (*R. I.*)

PERCIVAL-PARRISH, Box 202.

NEW-YORK

ADENAW, J., 116, E. 26 th. st.
BERLEPSCH, M. C., 821, Broadway.
BOGERT et C°. R. R., Room 37, Tribune Building.
BRATT, W. H., 815, Greenwich st.
BURGER, C. A., 34, Park Row, Cor. Beckmann st.
CALMAN, G, B., 209, Pearl st.
CARPENTER et C°. Box 2.990.
CASEY, Joseph, J., 42, East, 112 th. st.
CORWIN, C. B., 108, Water st.
CRITTENTON, G. W. D., 21 E. 110 th. st.
DREW, Chas., Box 3.250.
VON DUHRING, A., Dr. Méd. 610, East, 153 d. st.
DYETT, Walter, Fairman, 205 West, 44 str.
FAILE, Charles, So. Boulevard, cor. 138 th. st.
GREMMEL, H., 85, Nassau st.
HEINSBERGER, Ph., 9, first avenue.
KIRTLAND et C°, A. M., 596 E. 142 d. st.
KREBS, Jacques, 114, East, 83 d. st.

KREBS Brothers, 81, Nassau st.
LA TOURETTE, Ph., 120, Broadway.
LEHMAN, Robert S., 116 E. 90th. st.
LEVICK, J. N. T., 54, William st.
MARGGRAF, Agnès (Mlle), 123 East, 86 st.
MOREAU, C. L., 122 West, 48th. st..
PADDOCK, Jr., B. C. Box 2612.
SCHUMANN, E. L., 192, Broadway.
SCOTT, J. W., 163, Fulton st.
SCOTT STAMP ET Coin C°, L. D., 12 E, 23rd. st.
VAN DEUSEN, C., 201 West, 54th. st.
WATSON, George H., 36, Broad street.
WITT, C., 123, East 86th. Str. bet., Lexington and Park ave.
WRIGHT ET GINESTY, 79, Nassau st.
WYLIE, Duncan S., Room, 219, 60, Broadway.

NORFOLK (*Va*)

DORAN, G. B.

NORTH BRIDGETON (*Me*)

BROWN, Walter. S.

ORANGE, (*N. J.*)

HARRISSON, J. S.
VAN Jr., RENSSELAN, S.

PARIS (*Texas*)

REUSS, Henry, A.

PATERSON (*N. J.*)

LEHMANN, Jr., A. 635. Main st.
LEHMANN Bros.

PHILADELPHIE

BOWMAN, L. O., 415, Worth.
DURBIN ET HANES, 128, South Seventh, st.
WALTON, F., Box 38.

PLAINFIELD (*N. J.*)

ACKERMAN, E. R.

PORTLAND (*Me*)

JORDAN, W

PORTSMOUTH (*N. S.*)

GREEN, C. W., 65, Hanover st.

PRAIRIE-DEPOT (*Ohio*)

TILTON, W. L. R

PROVIDENCE (*R. I.*)

CALDER, John. B., 258, Westminster st.
GOERNER, W. P. 20, Warren st.

RAILEIGH. (*N. C.*)

BELLAMY, R. J.

READINGTON (*N. J.*)

FLEMING, John.

RICHMOND (*Va*)

BARROW, W. W., P. O. B. Nº 53.

ROCK ISLAND (*Ill*)

REIMERS, C. D.

SAINT-JOSEPH (*Mo*)

BEARDSLEY, H. C., Box 616.
WESTERN PHILATELIST, Lock Box 616.

SAINT-LOUIS (*Mo*)

CONRATH Jr. et Cº, 1334, Lasalle st.
FUELSCHER, C. F. 1314, Leffing well ave.
GLOGAU, E., Commercial Building.
MEKEEL, C. H., 1007, 1009 et 1011, Locust st.
MOUND CITY STAMP Cº, 1501, Washington Ave.
STANDARD STAMP Cº, 1115, S., 9 th, st.
TIFFANY. John, K., Room. 468, Laclede Building.

SAINT-PAUL (*Minn*)

CRARY, H. H., Lehigh., Coal and Iron Cº.

SALTSBURGH (*Pa*)

JOHNSTON, P. R.

SAN-FRANCISCO

BOGART, C. H., Room 24, 115 Kearney st.
DE LACHASSE. G.. Box 1983.

GREANY, W. F., 827, Brannan st.
SELLSCHOPP, W., 120, Sutter st.
WASHBURN, Geo. E., 1409, Van Ness. Ave.

SAVANNAHH (*Ga*)

RUSSELL, F. S., 68 1/2 Fatnal st.

SHELTER-ISLAND (*N. Y.*)

WOODFORD-WORTHINGTON, Willis, Box 56.

SPRINGFIELD (*Mass,*)

STONE, W. C., Box 1028.

STAPLETON (*N. Y.*)

DEJONGE, Aug., Box 281.

TRENTON (*N. J.*)

FARLAND et C°, Geo W. Mc., Box 497.

TRUMANSBURG (*N. Y.*)

RAPPLEYE, L.

WASHINGTON (*D. C.*)

DICKINSON, Don M.
ROTHFUCHS, C. F., 359 1/2, penn. ave.
VILAS, W. F.

WESTFIELD (*Mass*)

COOLEY, A. E.
WARREN, Chas. B.

MEXIQUE

COAHUILA (*colonie de San Pedro*)

GALVAN Y HERMANO, Onofre.

GUADALAJARA

ARANJO, Janvier, Fernandez, Palacio, 2.
CASTANOS, Gabriel, San-Francisco, 25.
ESCALANTE, Daniel.
ESTRADA, Feliciano, chez F. de la Pena et Hno.
GIL, Ismael, Parroquia st, n° 8.

GUTIERREZ, Salvador-E., Calle Sta Monica, n° 45.
MORENO, Tomas.
OCHOA-PLANCARTE. J.-M°., Loreto. 55.
REMUS, Roberto.
Schiaffino, José-S., Apartado, 74.

GUANAJUATO

AGUIRRE, Ed., Calle de Alonso, letra O.
ESCALANTE, J.
MADRAZO, Salvador, Léon, Estado.

MAZATLAN

FASTENRATH, Gmo.

MEXICO

ANGULO, E., Banque Nationale.
ARTEAGA, A. B., Calle Bajos Sn Agustin 5.
CORTAZAR, J. Morales, Calle de Sta Isabel, 3.
DE LA ESPRIELLA, Rafael, real n° 7.
DE PRIDA, Francisco, M., Apartado, 118.
DIAZ, Emilio, Palma, 1.
ESCUDERO, MANUEL, Calle 5ª del reloy, n° 5.
ESQUIVEL, Carlos, 1 a. de Santo-Domingo, n° 8.
HAAF, A., Castellanos, Ortega 6.
LAJOS, Alfredo Serrano, Estado de Jalisco.
LESEANO, Antenor, 4ª del Pino 5.
MEXIA, C. W., Apartado 736.
PASTOR, Santiago, Estanquillo, Hôtel Iturbide.
PASTOR, S., 1 ª, San Francisco 13.
PLANCARTE, Francisco, Tacuba, Colegio de Ninos.
RAMIREZ, Filiberto, Escuela N. Preparatoria.
REYES Fils, Manuel-Ortega, 1ª Sto Domingo I.
ROBERT ET STEPHAN, Apartado, 389.
SANCHEZ, Antonio, A., 2ª Calle de Mina, 19.
UHDE, Carlos-Augustin, Portal de Mercadere I.
YCAZA, Alberto, Sta Tues, 2.

MONTEREY

DE LA GARZA, Manuel, L.
DE TARNAVA, C., Care of P. Milmo.
SEPULVEDA, José, A.

OAXACA

ALLENDE, Andrès, Apartado. 2.

GOMEZ, Damaso, 5ª, Avenida de la Independencia, nº 30.

PUEBLA

GUEROLA, Nicolas, Victoria, 2.

TOUSSAINT, C. W., 2ª Mercaderes, 9.

TACUBAYA (*district fédéral*)

HARROLA, Alfonso de.

SALTILLO

PABLO LOPEZ BOSQUE, 4ª de Hidalgo.

SUAREZ, Carlos, E.

VERA-CRUZ

CORTINA, Pedro, Calle Vicaria, 16.

CRISPI, Procopio-Golan, Calle de Nava, 31.

DOHLER, Bernardo, Calle de Vicario. nº 17.

FONTAINE Y ALEGRE, Pedro. Apartado, 18.

HERNANDEZ, Francisco, Salinas, 733.

MEDINA, Noriega-J., Benita Juarez, 522.

ORTIZ, Francisco.

RIVERA, C., Independencia, 12.

ZACATECAS

GOMEZ, Emigdo.

GOMEZ-SERNA, Feliciano, Apartado 49.

ZAMORA

OCHOA, Rafael, Puente, 3.

OROZCO. Pablo-Francisco, Seminario Conciliar.

VALENCIA, J.-Ma., Mercaderes, 17.

TERRE-NEUVE

SAINT-JOHN'S

OHMAN, Nils.

STRATHIE, Ralph-G., Box 964.

TAYLOR, Chas.-T., Box 451.

AMÉRIQUE CENTRALE

ANTILLES DANOISES

Saint-Thomas

Bornn, Chas. A.
Corneiro, C., 14, Norre Gade.
Hoher, Benjamin.
Jamison, J. E.
Ricardo, P. A.
Rogers, J.
Ruse, Carl.
Shew, J. M., Maison Bache et Cⁱᵉ.
Smith, Abram, chez MM. Delvalle et Cⁱᵉ.
Stobo, T. A.
Zatlin, A., Box 99.

BARBADE

Barbados

Farjeon, A., Maison V. Manchell et Cⁱᵉ.

COSTA-RICA

San-José

Castillo, Martillano.
Escalante, Rafael, G.
Fernandez hijo Juan, Félix.
Fernandez, Lucas.
Fernandez, Manuel, José.
Fuentes, Eufracia, Z, et Cⁱᵉ.
Hutardo, M.
Mora, José, J. C.
Riestra, Valle, Alexandre.
Velasquez, Eurique.

CUBA

CARDENAS
Cossio, Tomas-J., Banquier, Apartado 91.

HABANA
Diago, Federico-G., Maurique, 133.
Gomez, Rafael, San Nicolas, 36.
Grout, E.-M.
Regato, Fernando, Calle de Obispo, 113.

PUERTO-PRINCIPE
Parras, Z., Francisco, Official de Correos y telegrafos.

SANTIAGO-DE-CUBA
Duboy y Guernica, Trinidad bja, 13.
Hechavarria, Augusto, San Pio, n° 10.
Gutierrez frères, Santo Tomas Baja, n° 17.

CURACAO

Capriles, Maurique.
Cunel, N. J. H., chez Dagun et C°.
DE Léon, Jean.
DE Lima, A. S.
DE Windt, Lorenzo.
Diaz, Augustin.
Gomez, G. D. Dacosta.
Hart, Charles, F., Box 104.
Hueck, L. C. C.
Lansberg, M. S.
Mardrena, y. v. d. Singel, Box 128.
Nahr, Willem, M.
Namias. D.
Ochebez, F.
Pennella, A.
Salas et Diaz, Box 43.
Simmons, R. M., 48 et 49, Broadway, Willemstad.
Van der Linde, J. R., Box 118.

DOMINICAINE (REPUBLIQUE)

MONTE-CRISTY

THOMEN, Victor. F.

PUERTO-PLATA

MOORE, W. H. F.

ST-DOMINGUE

GUALDINA, Antonio.
MAGGIOLO Y GIMELLI, J. B.
MULLER, c/o. Bass, Krossigk et Cⁱᵉ.
PARISOT, H. F.
ROMERO, Andreo.
VOS SCHOTBORGH, J. A., Correos Apartado nº 40.

LA DOMINIQUE

DOMINICA

GARRAWAY, R. F.

ROSEAU

GRELL, C. H., Clapham House.

GUADELOUPE

BASSE-TERRE

DE MONCHY, L.

GUATEMALA

GUATEMALA

FLORES ET COLON, 13ᵉ Calle Oriente, nº 10 bis.
GISQUIÈRE, J., Casa Jallade.
JACOPSSEN, Paul.
KLEIN, Federico.
PASCHKE, Theodor.
PAYENS, Juan.
ROHRMOSEN, Julio.

HONDURAS (REPUBLIQUE)

BELIZE

Oswald, Edward.

TEGUCIGALPA

Ferrari, Carlos.

JAMAIQUE

JAMAICA

Goffe, E.-W., York Castle, P. O.

KINGSTON

Ackrill et C°, Chas, 16, Hanover st.
Duquesnay, George, L., 19, North st.
Euston, Corinaldi, Maison E. Lyon et Fils.
Finzi, Arthur, Audit office.
Fonché, Alfred, 50, East Queen st.
Gonbault, G. A., 34, High Holborn st.
Hall, Bertrand, E. F., 9, East st.
Hart, Vivian, E., 42, Duque st.
King, T. W., 37, Tower st.
Léon, S. J., 50, Church st.
Mac Nair, C., chez A. L. Malabre et C°.
Marescaux, Oscar, Colonial Bank.
Melhado, Cecil.
Newman, N. G. 48, Charles st.
Simons, Eugène, 67, Barry st.

NICARAGUA

LEON

Narcisco y Santiago Arguello, H.
Robleto fils, José, A.

MANAGUA

Genie, Chris.

PORTO-RICO

HUMACAO

Rossello, Joseph, S., 35, Rosary st.

MAYAGUEZ

Torruella et C⁰, J.

SAN-JUAN

Nicolaysen, A. H., en casa Suc⁰ de J. Sala et C⁰.

YANCO

Gatell, Manuel, R.

SALVADOR

ACAJUTLA

Vilamora, José, Antonio.

LA LIBERTAD

Ambroggi, Arturo.
Kohn, Maximilien.
Palomo, Branlio.

SAN MIGUEL

Arguello, José, H.
Vega, José, Maria.

SANTA-ANA

Ulex, O.

SANTA-TECLA

Santiago, J., Gonzalez.
Villacorta, L., E.

SAN SALVADOR

Bernardo, Arce, H.
Campo, Paulina, Cea, Sonsonate, Commerce st. 22.
Dawson, C., Samuel.
Duarte, Mariano, B., San José n° 12.

Espinoza, Jesus, G.
Hernandez, Carlos.
Lagos, José, F.
Padilla, Carlos, F.
Rivas, Cecilio.
Rivera, Prudencio, Calle La Libertad, Barrio S. José, n° 29.
Ymeri (de), Mercedes.

San-Vincente

Hernandez, Eduardo.

Sonsonate

Evans, Carlos.
Ortiz, Manuel.
Reginos, José-Angel.
Vilanova, Antonio.

TRINITÉ (LA)

Junapuna

Morton, A. T.
Morton, W. C.

Port of Spain

Andrade, D. A., Almond Walk.
Bosch, G., Maison Harrison et C°.
Durant, Henri, Chacon st.
Lionel Legge.
Taylor, Jas., Graham.
Vincent, Geo., Box 116.

Trinidad

Golt, Wm., Maison Golt et C°.
Hoffman, K., Consul d'Allemagne.
Marie-Joseph, Rev. père, Rom. Cath. Presbytery.
Nueme, Henry, A., Belmonte.
Sayus, Alfred, Direction des Postes.

AMÉRIQUE DU SUD

ARGENTINE (RÉPUBLIQUE)

AUZON, E., Calle Azcuenaga, 1266.
BÉNARD, J.-A., 768, Rivadavia.
BERG, Carlos, Dr., Professeur à l'Université.
BERG, Frank, 645, Reconquista.
BERNABÉ, Fr., 1071, Rivadavia.
BERTUCCI, Féd., 821, Medrano.
BOSCH, José, Cambaceres, 533 et 537.
BOSCH, Ant., 815, Buen-Orden.
BOTTGER, E.-A.-R., chez H. Schlieper et C°.
BULLRICH, Ern., 92, Cangallo.
BUSTORG, Guill., 1126, Uruguay.
DAWS, W. P., 538, Piedad.
DEVOTO, Em., 1071, Rivadavia.
ECKMANN, Hugo, 768, Rivadavia.
EGGEL, Eug., 156, Piedras.
EINER, Art., 768, Rivadavia.
ENGEL, Em., 768, Rivadavia.
FALÈNE, G. 149, Falcahuano.
FEITIS, Carl, Piedad, n° 531.
FONTAINE, Abel, Casilla, 1265.
GALLARDO, Pedro, P., Greffier du Ministère des Postes et Télégraphes.
GEWELKE, Pablo, Casilla, 962.
GILLMAYR, E., 418, Casilla, 418.
GUERRERO, Manuel, 1071, Rivadavia.
HONORÉ, Roberto, H., Calle Victoria, 826, 1. piso.
JENNERICH, C., 875, Rivadavia.
KAHL, J., 768, Rivadavia.
KESTNER, C., 144, Maipu, I.
KRULL, N., 200, Florida.
LÉON, C., 936, Cangallo.
LUMANN, Ed., 292, Bolivar.

MARCO DEL PONT, José, Belgrano Esq. Chacabuco.
MIGONI, J., 929, Cangallo.
MOLLER, Julio-T., chez Carlos Dunzelmann, Corredor.
NAEF, Oscar, 65, Maipu, I.
NOYA, M.-D., 2858, Santa-Fé.
PARODI, Enrique, Dr., 419, Defensa.
POPPER, Maximo, Casilla, 1397.
RAVENNA, J.-O., 835, Paraguay.
RETLICH, F., 140, Bolivar.
RIEBEL, German, Bolsa Escritorio, n° 7.
SACKMANN, Ad. E., 342, Montevideo.
SCHMIDT, E., 242, Saavedra.
SCHURER, J., Moreno, 467.
SOBRINO, Luis, Casilla 1267.
SOUTOMAYOR, Juan, 673, Calle Esmeralda.
VASQUEZ, Julio, 562, Chili.
VILLETA, Eulogio, 940, Victoria.
VOGTLANDER, E., 724, Chacabuco.
WESTERMAYER, C. E. 859, Alsina.
WILHEM, F., 1292, Belgrano.
WILLERS, C. F., 850, Alsina.
WILLERS, O. L. 140, Bolivar.

ROSARIO DE SANTA-FÉ

CASPAR, Jacob, 821, Santa-Fé.
KOENIG, Juan, 731, Santa-Fé.
LINK, Paul, Calle Santa-Fé, 821.
MULLER, R , chez M. J. Paz et Cie.
SCHUBART, Adolf, San Martin, 506.
SCHULZE, C. A. Th., Calle Santa-Fé, 730.
SOMMERLATTE, Paul, San Lorenzo, 79. N/a.
YARMAN, Franzisco, Casilla 125.

BRESIL (ETATS-UNIS DU)

BAHIA

Do VALLE, J.-A., rua dos Ourives, n° 5.

BELEM DE PARA

REGO, M., Caixa 240.

CAMPINAS (*proc. S. Paulo*)

D'OLIVEIVEIRA, Alb. Jr., 1, rua Luzitana.
DE CAMPOS, GODOY, Avelino, 57, rua S. Carlos.

CEARA

AREAS, João Garcia, rua do Major Facundo, 52.
FORTUNA, Théophilo.
MENDES PEREIRO, José.
NOGUEIRA SOBRINHO, Luiz, C., rua do Major Facundo, 52.

CURITYBA (*proc. Parana*)

D'ALBUQUERQUE, Dr. Luiz A. Pires.
DECHANDT, Jacob.
SCHNEIDER, Antonio, rua Lorenzo Pinto, 2.
SKAONBERG, Charles, Otto.

DESTERRO

FREYESLEBEN, rua do Principe, 34.

ESPIRITO SANTO DO MAR D'HESPALHA (*Minas*)

VELHO, José.

FORTALEZA (*Ceara*)

MENDÉS PEREIRO, José.
SHORIM, João.

MELLO-BARRETO (*Minas*)

ALBUQUERQUE, J.

PARA

BABATA, Ricardo da Cunha, Caixa 3.
CARDOZO, A., Caixa 12.

PERNAMBUCO

BAHNE, Otto, Caixa 141.

PILAR DE ALAGOAS

RAMOS, M.

PONEDO-CITY (*Prov. Alagoas*)

PEREIRA DA ROCHA, M.
SALVADOR, M., Correa.

PORTO ALEGRE

FUCH, Paolo.

Rio-de-Janéiro

Benest, E.-B.-S., Ingénieur, Caixa 403.
Beuttenmuller, G., Jr., Caixa 77.
Costa, J., 10, rua Costa-Pereira.
Da Cunha, Victor, Box 182.
Gomés d'Azevedo Machado, Antoine, Box 325.
De Saboya, J.-Thomé, e Sª, 3ª Secçao do Correio.
Dietz, W. J., Caixa 611.
dos Santos, Antonio, Anacleto, 4, rua Visconde Rio-Branco.
Heinx, J. C., Caixa 436.
Jacobsen, F.-L., ruaadjuda, 131.
Kunhardt, G.-A., praça do Commercio.
Lampe, J.-C., Jr., Caixa do Correio, 745.
Mascarenhas, A., Caixa 571.
Montiz, A.-N., Jr., Caixa 35.
Mutzenbecher, W., Légation d'Allemagne.
Nielson, J., Caixa 106.
Pastorino, José, Caixa do Correio 972.
Riemer, R., rua do Passeio, 34.
Schmidt, C. A. F., rua de Nuncio, 11.
Schouw, Ed., Caixa 844.
Thees, Ad., rua Gesrz Doaz. 73.
Torres, J.-A.-Gonerales, rua do Pedro, 115 B.
Vater, E. Caixa 92.
Wehrs, Ch., rua Sete de Setembre, 175.
Weselius, W., Caixa 436.

Rio Grande do Sul

Lopes, Antonio, Carlos, Pharmacien.

Saint-Carlos do Pinhal (prov. Saint-Paulo)

Maas, Bernardo.

Saint-Paulo

Lévy, L., 33, rue du 15 novembre.
Ventura, A. Pereira, 26, rua da Victoria.

Santos

De Moraes, Alberto, Olivier, Caixa do Correos, nº 2.
Sampaio, Joaquim, Box 107.

CHILI

Inique

MERRIAM, J. W., Consul.
ROMERO, Alberto.

Santiago

ECHEVARRIA, A., Ministère de l'Intérieur.
GREVE. Jerman, S., Casilla 1124.
GUERRERO, T. A., Condor, 28.
JAMES, Charles. S.T.S., care Santiago College, 160, Agustinas.
KOHNE, Guill., Casilla 915.
LAFRENTZ, Carlos, Bascunan Guerrero, 87.
MAROTZKE, Ernest.
STAYNFFLOR. Martin.
TORRES, Rafael, Carmen, 6.

Temuco

BODARD, E., Ingénieur, Casilla 54.

Valparaiso

BEAUCHEMIN, L., Calle de Freire.
EBERHARDT, E. B.
EBERHARDT, E. C.
EISELE, Teodoro, Casilla 754.
ESPIE, Belisario, 96, San Juan de Dios.
FORDTRANN. R., Maison Schuchard, Grisar et C°.
FUENTE (de la), Enrique-R., Bataillon d'Artillerie de Costa.
GHIO, Eug., Cochrane, 97, Casilla 506.
GIEBEL, C., Casilla 233.
MARTIN, E.-C., 12, Chacabuco.
MEDINA, V.-M., Casilla 540.
METZ, H., Maison Schuchard, Grisar et C°.
ORREGO, Alberto.

COLOMBIE

Barranquilla

ALTERMANN, A., chez Giesecken et Held.
APARICIO frères, Martinez.

BAENA, H. M., San Blas, 69.
BALOGO ET TABOADA, Ovejas y Sincelejo.
BRADFORD, R. L., Real n° 10.
CASALINS, D., Comercio, 59.
CASTRO, G. de, Jesus, 87.
CASTRO, H. E. de, Ancha, 1.
GASTELBONDO, C.
GOENAGA, J. C., Comercio, 48.
GOMEZ, G. G. P., San Blas, 14.
GRAU, Rafael, H., Comercio, 48.
GUERRERO, Juan, et Cie.
LAFAURIE, Arturo, M.
MARTINEZ, Sénen, A., San Blas, 11.
MATOS, Vincente, J., G., 16, Calle de San-Blas.
NIMES, N. N., et Cie.
OLIER, Arturo, Lopez, Banquier.
PALACIO, Alberto A., Calle Ancha, n° 25.
PEREZ, Pedro, R., chez Dr. Enrique Rodriguez.
POLANCO, A. Pasos, real o.
RINGER, Adolphe, chez Gieseken et Held.
SCHOENEWOLFF, G. Jr., P. O. B. S.
SENIOR, Sol, D., Cruz.
SENIOR Y CA, Recreo, 13.
STACEY et Cie, Carlos.
STACEY, Charles, Ancha, 33.
STEFFENS, R. A., chez A. Wolff et Cie.
VENGOECHEA, E., Négociant.
VENGOHECHEA, A., Callejon del Progreso, 23.
VIECO, Ernest, Hôtel Colombia.
VILLA, E., chez O. G. Müller.
VILLAN, Antonio, chez Villan, Bell et Cº.
ZOROBABEL, senior, Las Vacas.

BOGOTA

CASTELLANO, C., et Cº, Calle del Hospicio, 115.
GUARNIZO, Leopoldo.
IRVING, Chas., L.
MATIZ, Samper, J. M., Apartado n° 202.
MICHELSEN, Dr., Jur., Consulat général du Danemark.
ORRANTIA, Louis, Patino.

PEREZ, Manuel, Antonio.
REVERA, Arturo, Casilla 130.
URDANETA, Rafael, Martinez, Papeleria de Samper Matiz.
VEGA, Antonio, R.
WHEELER, Thomas, H., Légation Anglaise.

BUCARAMANGA (*Dép. de Santander*).

MAZZEY, Francisco.
MUJICA, Luis, F.
NIETO, Franklin, G.
NOVOA, Pedro, E.
OREJUELA, Z, Senorita, Barbara.
SERRANO, Eliseo.
TITO, Garcia, P.

CALI (*Cauca*)

BENITEZ, Samuel-R.
DE REBOLLEDE, Manuel.
LÉMOS, Z.-F.-C.
MEJIA, Ed.-Restrepo.
RENJIFO, Leonidas.
SAUCHEZ, Clara-R., Hôtel Central.
VARONA, Nazario.

CARTAGENA

GASTELBONDO, Carlos.
HERRERA, T.
MENDEZ, R.-M.
MIRANDA, Aguierre-N.
RAMOS, Francisco.

COLON

CEBADIER, C.
ECKER, J. J.
GULHOUX, W. W.
RYFKOGEL, L.
VILLALOBOS, V.
ZULETA, D.

CUCUTA

CASTRO, José, Agustin.
CASTRO-IRWIN et Cⁱᵉ.
DOMINGO-IRWIN.

MEDELLIN

ARANGO, Leocadio, M.
DE BÉDONT, Félix, Apartado, nº 30.
FERNANDEZ, Miguel, E.

NEIVA-TOLIMA

ARCINIEGAS, G. S.
ROMERO, Juan, S.

OCANA

PAEZ, Fustiniano, J., Tercia del Carmen, 17.

PANAMA

AYLA, Marco.
BOYD, Samuel,
BRID, Demetrio, H., Casilla 128.
CUCALON, Miguel, F., Box 79.
DAM, Federico, chez Pinedo et Cⁱ.
DUMONT, P. A., Box 127.
GAERSTE, W.
HUTTINOT, Emile., Consulat de France.
KOERNER, Valentine.
LEVY, Chas., Casilla 97.
MARTINEZ, Edesio, Casilla 315.
SANTURIO, Louis, Casilla 194.
VAN HOUTEN, K.
VILLAMIL, Castulo, Box 67.
VOLANTE, Rosenberg.

POPAYAN (*Cauca*)

FLORES, Ernesto.
DE MOSQUERA, F. C.
MOLINA C., Miguel, José.

EQUATEUR

ESMÉRALDAS

DIAZ, Carlos, E.
FIGUEROA, Leonidas.

Lujano, Vincente.
Lara, Hermenegildo.
Padillo, Virgilio, A.
Triarte, Rafael.
Alban, Agustin.
Briones, José, Nicolas.

Guayaquil.

Aguirre Burbano, Julio, Casilla 123.
Coello, Francisco, Carlos.
Gagliardo, Juan, B., Casilla 67
Hortiz, Flavio. A.
Mateus. Manuel, Thomas, Apartado n° 64.
Ortiz, Manuel, C.
Rigail, Auguste, Maison Aug. Rigail.
Suarez et Granado.
Uraga, Juan, M., Apartado, 197.

Quito

Arteta, Nicolas, Rodriguez.
Urratia, Vincente, O.

GUYANE ANGLAISE

Demerara (*Georgetown*)

Abrahams, B. V. Jr., Water st.
Cressall, P., Box 239.
Forster, A., Norman.
Juart F. A., Demara Water st.
Leonaron J., Arnold, Box 240.
Savory, B. Edwin, Consulat des Etats-Unis.
Swain, A. W., General Post-Office.

Essequebo

Carbin, M. Frens., Bushlot-Village.
Portlock Dadson, Capt.

LEUDEN, A. C.

PEROU

CALLAO

MAER, J.-B., Constitution, 2.

ETEN

VILLANUEVA, José, M.

LIMA

BACHMANN, Carlos, J., Apartado 278.
CACERES, Ismael, W. Apartado 237.
DENEGRI, Roberto, Arzobispo, 46.
ESPINOLA, Augusto, Mariquitos, 25.
MIRANDA et C°, Box 278.
NUGENT, Eduardo, Jésus Nacareus, 2.
PALACIO, Ricardo E., San Jacinto, 34.
PETIT, Emilio.
PUEHNTE, Alej. N.
SOCIÉTÉ PHILATÉLIQUE SUD-AMÉRICAINE, Casilla 162.
URBINA, Antenor, Comesebo, 36.
VARGAS, Julius, M., Box 7.
VARGAS, Flores, M. Box 270.

MOLLENDO

GONZALES, Osvaldo.
PINO, Nicanor, Casilla n° 9.
TURNER, W. V., Box 9.

PAYTA

CASTILLO, Camillo, fils.

PIUZA

SOMMERKAMP, Hugo.

PUNO

JIMENEZ, Vincente, A.

URUGUAY

Costa del Cebollati (*via de Rocha*)
Cabrera y Martinon, Rafael.

Montevideo
Alecio, Vincente, Miguel, 471, Calle 25 de Mayo.
Carafi, R. A., Cerrito.
Druillet, E. Carlos, 279, Calle 25 de Mayo.
Goodall, Julio.
Makinon, E. A., 153,Juncal.
Marini, Alexandre, A., rue Mercedes 495.
Montero, Louis, Ollivier, 344, Calle 15 de Julio.
Société Philatélique Uruguaya, 219, rue Uruguay.
Tardaguila, Ed., 161, Casilla.
Westhofen, F. C., Calle Camaras, 138.

VENEZUELA

Caracas
Arabel, José, F., San Juan, 189.
Arredondo et Lopez, sur 4, n° 18.
Charlesville, L. A., Norte 1. n° 57.
Chataing, Alejandro, Este 10, n° 62.
Coutino, D. Ramon Curriel, Ministerio de Fomento.
Delfino, José, A.
Diaz, Pedro, P., de Munos à Penango, Caso, 8.
Diez, O. Menese, Avenida Norte n° 272.
Garcia, Juan, B.
Insano, Antonio, Oeste n° 8.
Loutosky, Tomas, Lander, Llaguno y Cuartel, Nejo, 39
Lugo, Eugénio, H.
Mayora, Carlos, sur 6, n° 59.
Meyer, Carlos.
Meyer et Vegas.
Mospuera, Juan, B.
Ponce, J. E., M. Oeste 3, n° 53.
Sosa, José, Domingo, Avenida Este, n° 39.

SOSA, Rafael, Miranda.
TABOSKY, V., Esquina del Muerto.
VALENTINER, Guillermo.
VETANCOURT, Raf. P., Oeste n° 25.

CORO

CASTRO, Morris de.

LA GUAYRA

GALINDO, S. F., fils.
GUINTRAND, E., chef de station du cable Français.
MUSKUS, J. R., London bazar.
OTERO, Andrès, G., Calle Bolivar, 151.

MARACAIBO

ALMÁRZA et MAGGIOLO.
BRACHO, Lupin.
DELGADO, Carlos, C.
DUARTE, Rafael, F.
ECKER, Guillermo. G.
FOSST, Francisco.
MOLERO, Augusto, M.
MORENO, A.
PUCHY, Manuel, A.
SARDI, Guillermo.

PUERTO-CABELLO

CORTINA, J. M.
GALINDEZ, J. M.
HUECK, Carlos.
KERDEL, J. A.
NIEMTSCHICK, Carlos, Maison Boult et Cⁱʳ.
NOBLOT, Augusto.
OSTY, Andres, A.
PINTO Jr., I. J.
SEGRESTAA, J. A., propriétaire du "Diario comercial"
TOVE, Raphael.

VALENCIA

DUARTE, Lino.
GRANADO, Manuel, R.
IRIBARREN, José V.
SANDA, Mariano.

VALERA

Duarte, Rafael, F.
Ruiz, Leopold, M.

ASIE

CEYLAN

COLOMBO

Stahle, Emile.
William, J. S.

CHINE

KONG-KONG

Von Bose, Ch., chez MM. Carlowitz et C

SHANGHAI

Silva, Henry.

INDES ANGLAISES

BISRAMPUR (*District de Raipur*)

Lohr, Julius, missionnaire.

BOMBAY

Binkel, E. W., chez MM. Volkert frères.
Robertson, 115, Church st.
Rodrigues, Joseph, Bank of Bombay.

CALCUTTA

Feilmann, J. T., 2, Couvent Road.
Gohner, E., 5, Pollock st.

CANNANORE (*via Brindisi-Bombay*) côte de Malabar.

Krapf, J., Missionnaire.

CAVEL-BOMBAY

RIBEIRO, Julio.

DELHI

FERNANDEZ, S. D. M.

JALPAIGURI (*Belgal*)

RAWSON, C , Ramsahai Hat P. O.

MADRAS

CHETTI, K. M., 5, Phillips st.

NELLORE

HERVEY, H. J. A , au Télégraphe.

RAJPUTANA

BAKHTAWAR LAL et C°, Stamp dealer Joypore.

JAPON

KAGOSHIMA

SCOTT, W. L., 363, Yamashilo-Cho.

NAGASAKI

ROETHAU, Wilhem.

OSAKA

SAKAI, W. C., 39, Shinsaibasli road.

YOKOHAMA

CHRISTENSEN, Waldemar, F.
FARSARI, A., 16, Bund.
SARGENT. N. J., 39, Creek Side.

MALACCA

PENANG

BIRCH, P. C., Post-office.
BONT, J. J.
DAVIDSON, J. S.
KOTTO, Émile.

Koos, P. H.
Marcks, E. E. A., Gd. Hôtel.

PERSE

Tauris

Hanemoglou, P.
Marimian, Hrand, O.

Téhéran

Andreini, E., Général.
Boital, F., Director del Eisenbahn Teheran-Schah Ul-Azim.
Church, H., Légation de Grande-Bretagne.
Conradi, Adolf.
Hybennet, Bertrand, Hof-Zahnarzt, sr. Majestat des Shah-Yn Schah
Morel, Paul, Praktischer Arzt und prof. an. der Kadettenschule.
Mottes. C., Lieutenant-Colonel.
Schindler, Albert, Hontom.
Von Meniaeff, Kaiserlich Russischer Rittmeister der Kuban-Kosaken, Mitglied der russ. Militair-Mission.

TONKIN

Haiphong

d'Abbadie, J.

TURQUIE D'ASIE.

Alep (Syrie)

Marcopoli, Eug.
Marcopoli, Vinc., A.

Alexandrette

Dahdah, Joseph, représentant.

Bagdad

Juilletti, N.
Naaman, R. J.

SMYRNE

AUGUSTIN, F., au Crédit Lyonnais.
CTENAS, Them, avocat.
HEUG, Achille, Local Jossouf.
JOANNIDÈS, Jean, S' directeur du Crédit Lyonnais.
JOANNIDHIS, Jean, chez Cousinery fils, han, 21, rue Franque.
LAMBIDIS, Anastasse, 7, rue Verreries.

TRÉBIZONDE

CASFIKIS, Sp. D.
HOCHSTRASSER, C.
KAZAROSSIAN, O.
NOURIAN, A.

OCEANIE

AUSTRALIE DU SUD

ADELAIDE

KRIEGHAUFF, F. C., Superintendent of public Buildings'office.
RAYNOR, Rev. P. E., St. Peter's College.
ROSENHAIN, O. W.
TREICHEL, Otto, Kent Town.

CELÈBES-BORNEO

MACASSAR

EGGIMANN, J. F., Sergent-armurier.
FELDWEBEL, Schultz, Alg. Stamb. n° 21, 192.
OVERKAMP, W. O. L. F., Staffourier.
CANDLESS, F. N. Mac.

HAWAI

HONOLULU

HEMPEL, Heinrich.
ROSS, Geo. C.

Thrum, Thos. G.
Wilson, Jno. H., Box 108.
Wood, H., Box 30.

JAVA

(Indes Néerlandaises)

Batavia

Bachman, K. F. A., archivaris b/h Dept van Oorlog.
Frans, L.
Loonen, W. F. A., maison Hall et Cⁱ.
Mijer, M. J., docteur en droit.
Palm, F. A., assuradeur.
Peeters, J. P., commis au départ. de la Marine.
Rijlart, A., chez MM. J. F. v. Leeuwen et Cⁱ.
Thomas, G., maison Thomas et Cⁱ.
Wild, sergent-major du Génie

Pasoeroean

Van Ophuijsen, A., postes et télégraphes.

Rau

Waha, H. de.

Samarang

Liebenschultz, V.
Serière, F. C. de.
Soesman, F. J. H.
Stephan, P. J.
Ter Voort, L. E., chez MM. Mᶜ Neil et Cⁱ
Van Lier, E. R., Blakang Kebon.
Waal, F. K. de, Sigarenhandelaar.

Sesepan, près Buitenzorg

Westpalm, N.-J., V. Hoorn, V. Burgh Jhr.

Soerabaja

De Cosel, Employé des Postes et Télégraphes.

REIJNEKE, R.-F., Tegalsarie.
VAN DER EENT, A.-T.

TOELANGAN, (près Sydho-Ardjo)

MCQUETTE, J.-P., Director of the Sugar Estate.

NOUVELLE-CALEDONIE

NOUMÉA (Sans-Souci)

CHEVAL, E.

NOUVELLE-GALLES DU SUD

BATHURST

KUNZ, Albert.
WHITE, Percy-C., « Free Press » office.

MOUNT VICTORIA

KUNZ, Albert, Professeur de musique.
RIENITS, H. G.

ST-LEONARDS (près Sydney)

LEAN, T. E. Mc., Merlin st.

SYDNEY

BACKSHAW, John, 11, Royal Arcade.
GOSLING, Raymond, Box 101.
HAGEN, F., Boulevard Petersham.
TALLIK, Edward, 104, Pitt st.
VINDIN et Cⁱᵉ, Dawson, A., Box 660

WINDSOR

NORTON, F. H., Banque de N. S. W.

NOUVELLE-ZELANDE

AUCKLAND

CAHN, Shermann.
KITT, Thos. Wm.

BLEINHEIM-MARLBOROUGH

VANNINI, Antonio, D., Market place bazar.

CHRISTCHURCH

LAWRENCE, H. E., Box 382.
SHAVE, A., 278, Colorado st.

DUDENIN

RINGER, B., Standard Insurance C°.

OTAGO

VANNINI, Antonio, D., Mosgiel.

WELLINGTON

DAVIES, J.
FRANKLAND, F. W.
GABY Herbert, J.
KEYWORTH, A. B.
PILCHER, E. G.
PEARSON, W. M., c/o A. H., Ashbolt Esq., Box 34.

PHILIPPINES (ILES)

ILOILO

ZURCHER, J.

MANILLE

BANDMANN, H.
TUASON, Arthur.

QUEENSLAND

BRISBANE

HOOKER, Brian, Office of Works Mines.

SUMATRA
(Indes Néerlandaises)

BEKALLA

MEISSNER, G.

BINDJEI

DE HEER, P.
SCHAKERS, L. A. F., Arts. b. t. Deli-Muts.

DELI

BRYNER, Gab.
FRASER-MELBOURNE, G., Batu Bahra,
HIRZEL, Fritz.
KERN, Théo, A.
SIBER, Max.

DELI-DOLOK ESTATE, BATOE BAHRA

VAN VOLLENHOVEN, Ed.

DELI TOEWA ESTATE

HIRSCH, Arthur.

GAMBIR-ESTATE

BOLLINGER, U.

MEDAN

VAN ALDERWERELT-VAN ROSENBURGH, C.-R.-W.-K., officier d'infanterie.
ASSAM, Jos., Medan Hôtel.
HASSNER, Joh., Manager Medan Hôtel.
VAN DER WILLINGEN, A.

PADANG

ALTING-SIBERG Jzn, J. chez MM. J. F. v. Leeuwen et Cᵒ.
BIELA, (Von) C. H. D.
DAVIDSON, J. S., Ond. offic. der Inf.
ROOS, F. H., Directeur des Postes.

PAGOERAVAN (*via Labuean-Deli*)

BLUNTSCHLI, H. C., in Soengei Radja Estate.

TASMANIE

HOBART

BASSET-HULL, A. F., Colonial Mutual Chambers.
BEDDOME, C. E., Davey st. Boëville.
BELL, A. J., Bank of Van Diemens Land.
RAYNOR, P. E., Rev. of. Christ's College.

Susman, Henry, 26, Harrington st.
Susman, Phillipp, Tasmann, Murray st.

LAUNCESTON

Petterd. W. O. Brisbane St.

VICTORIA

BALLARAT

Flohm. David. Maison Lewis Flohm.

CARLTON-MELBOURNE

Breek. W. Berkeleystr. 215.

MELBOURNE

Elgner, Hermann, G. P. O.
Smith, J., 49, High st.
Vaugn, Owain, Walsch st.

WILLIAMSTOWN

Colloile, A., Edina Cottage. Pasco st.

ERRATA

Roumanie. — rayer H. Weistein à Giurgevo.

Serbie. — *Belgrade*, corriger : J. Beslin, im Finanz Ministerium.

Suède. — *Stokholm*, M. Weber réside maintenant à *Copenhague*, n° 16 A,
　　　　　Petersens Passage, 4 Sal V.

Suède. — Eduard Christiansen, Gustafsminne à *Morarp*.

Suisse. — M. Vuagnoux, au Closy-Bressonaz est décédé.
　　　　　Ajouter :
　　　　　Yverdon : Ch. Milliet, rue du Lac.
　　　　　Morges : J. Jaquier, 4, rue du Jura.

Turquie. — *Constantinople*, M. Mavrogordato demeure maintenant, 14, Tatav-
　　　　　lali, Péra.

THUMIN FRÈRES

7 et 9, Rue des Filles du Calvaire, 7 et 9

PARIS

Offrent contre argent d'avance

SÉRIES	1 Série.	10 séries.
Guatémala-Barrios 1886 série complète, 5 valeurs, 25, 50, 75, 100, 150 centavos	2.50	22.50
Guatémala 1878 (Indienne) série complète 1|2 réal vert, 2 r. carmin, 4 r. violet, 1 peso jaune .	2.»»	15.»»
Guatémala 1879 (Perroquet) série de 2 valeurs 1|4 réal brun et vert ; 1 réal noir et vert.	0.85	7.50
Bavière télégraphe, série de 6 valeurs, 10, 20, 25, 40, 80 pfennig et 1 mark, 100 séries 20 fr.	0.40	2.50
Bhopal 1881, grand type série de 3 valeurs, 1|4 anna noir, 1|2 anna rouge, 1 anna brun	1.»»	9.»»
Bhopal 1883-84 série de 4 valeurs, 1|4 anna vert, 1|2 anna noir dentelés 1|4 anna vert, 1|2 anna rouge non dentelés.	0.80	7.»»
Allemagne-Empire, timbre de contrôle 1871, 10 groschen gris, 30 groschen bleu, 100 séries 20 fr.	0.35	3.»»
République Argentine 1888. Lithographiés, 20 vert, 30 brun, 40 gris, 50 bleu.	3.»»	25.»»
Bulgarie 1884 (valeur en surcharge), série complète 4 valeurs 3 c. noir sur 10 rouge, 5 c. rouge sur 30 st. bistre, 15 rouge sur 25 bleu, 50 noir sur 1 fr. carmin	4.50	37.50
Honduras 1878, (neufs) série complète, 7 valeurs 1 centavo, 2 c., 1|4 réal, 1 réal, 2 réales, 4 réales, 1 peso jaune	2.50	22.50
Italie taxe 5 et 10 lire bleu, 100 séries 40½ fr.	0.60	5.50
Suède-Service 1874, série complète de 11 valeurs, 100 séries 45 fr.	0.60	5.»»
Suède-Losen, série complète de 10 valeurs, 100 séries 45 fr.	0.60	5.»»
Vignettes de Tolima 1888, série de 2 valeurs, 5 c. brun, 10 c. rouge	2.25	20.»»
Pays-Bas télégraphes, série de 10 valeurs, 1, 3, 5, 15, 20, 30, 50, 60, 1 gulden, 2 gulden	4.75	40.»»
Pays-Bas télégraphe, série de 6 valeurs, 1, 3, 5, 15, 20, 30 c. 100 séries 80 fr.	1.25	10.»»
Télégraphes de Dominicaine, série complète de 5 valeurs, 25 c. vert, 50 c. jaune, 1 peseta brun, 5 pesetas bleu, 10 pesats rouge .	1.75	15.»»
Bulgarie taxe, série complète, 3 valeurs, 5 st. jaune, 25 rouge, 50 st. bleu.	1.75	
Suisse taxe série complète 6 valeurs (1883-84) 5, 10, 20, 50, 100, 500 vert et carmin.	0.60	5.»»

TIMBRES	1 pièce	10 pièces
Bulgarie 50 stot bleu et chair 100 pièces 10 fr.	0.15	1.25
Martinique 05 c. sur 20 c. vert (neufs) le 100 12 fr. 50	0.20	1.50
Guadeloupe 3 c. sur 20 vert (neuf) le 100 7 fr. 50	0.10	1.»»
Grande-Bretagne 1887, 9 pence violet et brun, le 100, 7 fr. 50.	0.15	1.»»

SÉRIES	1 Pièce.	10 Pièces.
Puttiala 1[2 anna vert, 1 anna brun assortis, 100 pièces 7,50		1. »»
Bolivie 1870 (11 étoiles) 5 vert (neuf)	0.35	3. »»
— — 10 rouge (neuf)	0.40	3.50
— 1878, 20 centavos vert, 100 pièces 15 fr.	0.25	2. »»
— 1878, 50 centavos rose	0.90	
— 1887, 3 valeurs assorties, 100 pièces 7,50		1. »»
Guatémala 1886, Provisional 2 c. brun, surcharge 1 centavo; 100 p. 30 fr.	0.50	4. »»
— 1871, 1 c. bistre (neuf), 100 pièces 20 fr.	0.35	3. »»
— 1886, 20 cent. vert (usé)	0.35	3. »»
République Argentine 1877, 25 centavos rose	0.85	7.50
— — 20 cent. bleu	0.50	4.50
— — 1890, 40 c. gris-vert gravé	1. »»	9. »»
— — 1873, 90 cent. bleu	0.70	6. »»
Philippines 1890 *Alphonse XIII*, 1[8 de cent. brun, 100 pièces 5 fr.	0.10	0.60
*Philippines Imp.*cenos, 1[8 de cent. vert	0.10	0.50
— — 1 mil rose, le 100 3.50		0.50
Hawaï 1862, 2 c. carmin gravé (authentique)	1. »»	8. »»
Japon 1883-88, 15 sen violet, 100 pièces 10 fr.	0.15	1.25
— — 15 sen vert, 100 pièces 12.50	0.20	1.50
— — 25 sen vert, 100 pièces 15 fr.	0.25	2. »»
Syrmoor 1888, 3 pies jaune (neufs), 100 pièces 15 fr.	0.25	2. »»
— — 6 pies vert (neufs), 100 pièces 20 fr.	0.30	2.50
Caraçao, 2 1[2 cent. vert (neuf)	0.10	1. »»
Surinam, 2 cent. jaune	0.10	1. »»
Costa-Rica 1883, 40 cent. bleu	0.80	7.50
— 1863, 2 réales rouge, 100 pièces 10 fr.	0.15	1.25
Roumélie Orientale, 3 valeurs assorties		0.75
Bulgarie, 6 valeurs assorties, 100 pièces 2.25		0.35
Pérou télégraphe, 5 c. violet, 100 pièces 15 fr.	0.25	2. »»
— 50 c. brun, 100 pièces 25 fr.	0.25	2. »»
Jummo Cachemyr, 1[8 anna jaune, 100 pièces 10 fr.	0.15	1.25
— — 1[4 anna brun, 100 pièces 12.50	0.20	1.50
— — 1[2 anna rouge, 100 pièces 20 fr.	0.30	2.50
Pays-Bas, taxe 1870, 5 c. brun sur jaune	0.15	1.25
— — 10 c. violet sur bleu	0.15	1.25
— *taxe* 1881, 7 val. mél., 1, 1 1[2, 2 1[2, 5, 10, 15, 25 bleu, les 100 p. 9 fr.		1.25
Pays-Bas télégraphes, 6 valeurs mélangées 1, 3, 5, 15, 20, 30		2. »»
Portugal 1875, 300 reis lilas	0.40	3. »»
Serbie 1880, 1 dinar violet	0.70	6. »»
Japon 1875-78, 5 rin gris, 100 pièces 4 fr.	0.10	0.75
— 1876-78, 5 valeurs mélangées, 100 pièces 2 fr.		0.40
Seychelles (Iles) 1890, 2 cent. rouge et vert		1.25
San-Salvador 1867, 1[2 réal bleu, 100 pièces 12.50	0.20	1.50
— — 1 réal rouge	0.35	3. »»
— 1887-88, 5 cent. bleu	0.25	2. »»
Costa-Rica 1890, 5 c. orange	0.10	0.75
Bavière 1876, surcharge rose (usé), 100 pièces 6 fr.	0.10	0.75
Roumanie 1869, 25 bani jaune et bleu	0.40	3. »»
— 1871, 25 bani brun	0.50	4.»»
Suisse, taxe 1883, 100 vert et carmin	0.25	2. »»

ACHAT DE COLLECTIONS DE TIMBRES-POSTE
AVIS

Messieurs Thuxin Frères prient Messieurs les Collectionneurs et Marchands, de passage à Paris de bien vouloir leur rendre visite.

VENTE - ACHAT - ÉCHANGE

H. HEATH

124, Fenchurch Street, Londres E. C.

MARCHAND DE TIMBRES EN GROS ET EN DÉTAIL

Séries pour Collectionneurs

	fr. c.
5 Antigua, 1[2 d, 1 d, 2 1[2 d, 4 d, 6 d . .	1,25
4 Barbade, 1[2 d, 1 d, 2 1[2 d, 4 d . .	0,35
4 British Honduras, 2, 3, 10 c	1,00
8 Cape of Good Hope, 1[2 d, à 5[- . .	0,50
4 Ceylan, 5, 15, 25, 28 c	0,40
2 » 56[96 c, 1 r. 12 c,[2 r. 50 c .	2,00
4 Dominica, 1[2 d, 1 d, 2 1[2 d, 4 d .	0,90
3 Gibraltar, 5, 10, 25 c	0,35
5 Gold Coast, 1[2, 1 d, 2 d, 4 d, 6 d .	1,00
3 Great Britain, 2[6, 5[- 10[-	2,00
4 Grenada, 1[2 d, 1 d, 2 1[2 d, 4 d .	0,70
4 Hong Kong, 2, 5, 10, 30 c . . .	0,30
3 » » 20[30 c, 50[48 c, 1 dol[[96 c.	1,50
2 » » 2 et 3 dollars . . .	2,50
6 India, on H. M. S.	1,25
4 Lagos, 1[2 d, 1 d, 2 d, 4 d . . .	1,00
5 Malta, 1[2 d, 1 d, 2 d, 2 1[2 d, 4 d .	0,70
6 Natal, 1[2 d, 1 d, 2 d, 4 d, 6 d, 1[- .	0,90
5 New South Wales, 1[2 d, à 1[-, 1888 .	0,75
5 Queensland, 1 d, 2 d, 4 d, 6 d, 1[- .	0,50
5 St-Christopher, 1[2 d, 1 d, 2 1[2 d, 4 d, 6 d.	1,25
4 St-Lucia, 1[2 d, 1 d, 2 1[2 d, 2 1[2 d, 4 d.	0,80
5 St-Vincent, 1[2 d, 1 d, 2 1[2 d, 2 1[2 d., 4 d.	1,40
5 Siam, 2, 3, 4, 8, 12 atts . . .	2,20
6 Sierra Leone, 1[2 d, 1 d, 2 d, 2 d, 4 d, 6 d.	1,25
7 Straits	0,50
3 » 5, 32 et 96 c	0,80
7 Transvaal 1[2 d. à 1[-	1,25
7 Victoria 1[2 d, à 1[-	0,60
6 Western Australia 1[2 à 1[- . .	1,25

Pour Marchands

	Par 12 fr. c.	Par 100 fr. c.
Antigua 2 1[2 d, et 4 d	2,20	
Argentine 60 c, noir	4,00	
» 90 c, bleu	8,50	
Cape, 4 d, 6 d et 1[-	0,50	2,00
» 5[-	1,75	12,50
Ceylan, 15, 25 et 28 c . . .	0,70	5,00
» 56 c, sur 96 c	5,00	
» 1 r. 12 c. sur 2 r. 50 c .	12,50	
Gold Coast, 1[2 d. et 1 d . . .	0,80	6,25
Great Britain, 2[6 et 5[- . . .	3,00	
» » 10[- bleu . . .	12,50	
Grenada 1[2 d. et 1 d	0,65	4,50
Hong Kong, assortis	0,60	3,00
» » 20 c. sur 30 c .	2,00	15,00
» » 50 c. sur 48 c .	3,65	
» » 1 dollar, sur 96 c .	7,00	
» » 2 et 3 dollars, assort.	11,25	
Natal, 1[- orange	3,70	
New South Wales 6 d, 1888 .	1,00	4,50
» » 1[- » .	2,00	12,00
Queensland, 6 d	0,80	5,00
» 4 d. et 1[- . . .	1,25	9,00
St-Lucia, 2 1[2 d. et 4 d . . .	2,50	
St-Vincent, 2 1[2 d. sur 1 d, bleu.	4,00	
Straits, bien assortis		3,60
» 32 c. et 96 c . . .	2,00	13,00
Sierra Leone, 1[2 et 1 d . . .	0,70	6,25
» 2 d. et 4 d. (3 sort.).	1,25	14,00
Transvaal, 1[2 d. 1 d. et 2 d . .	0,50	3,00
» 3 d, 4 d. et 6 d . .	1,25	9,00
» 1[-	2,50	15,00
Victoria 1[-	1,25	9,00

Argent d'avance, port en sus en dessous de 10 francs.

Chaque Collectionneur doit demander mon prix-courant de détail
Chaque Marchand doit demander mon prix-courant de gros. } **FRANCO**

Collections et lots de timbres sont désirés au comptant ou en échange

N. B. — Prière de citer l'Annuaire en écrivant.

William BROWN

ANGLETERRE — 115, CASTLE STREET, SALISBURY — ANGLETRRE

Wholesale et retail foreign stamp merchant

Assortments of Stamps

N. B. — The assortments below are all *equally* mixed. Thus, a hundred of 10 kinds would contain 10 Stamps of each kind. 25's and 50's supplied.

	Per 100.		Per 100
Antigua, 1½, 1, 2 1½, and 4 d.	15.00	Grenada, 5 kinds	9.50
Argentine, 13 kinds.	7.50	Guatemala, 1881-86, 12 kinds.	12.50
» 17 kinds, including surch.	12.50	Hungary, 1871-88, 12 kinds	5.00
Austria, 1850-1887, 28 kinds.	11.00	Honduras, 5 kinds	17.00
Baden, 17 kinds.	9.00	Iceland, 11 kinds	12.50
Barbados, 5 kinds 1½ to 4 d.	9.00	India, 15 kinds	2.50
Bavaria, 1850-74, 21 kinds.	8.00	Japan, 13 kinds	6.00
Belgium, 33 kinds	4.50	Mauritius, 8 kinds	6.00
Bermuda, 3 kinds	7.00	Mexico, 23 kinds	4.50
Bosnia, 5, 10, 15, 25.	10.00	Natal, 5 kinds	3.75
Brasil, large, 7 kinds, including 300 r.	7.00	New South Wales, 10 kinds	4.00
Bulgaria, 11 kinds	8.50	New Zealand, 5 kinds	3.75
Cape of Good 1½ d., 1 d., 2 d.	1.50	Norway, 38 kinds	15.00
» » 3 d., surch., 2 kinds	12.50	Orange Free State., 7 kinds	7.00
Chili, 20 kinds	9.50	Persia, 6 kinds	11.50
Cuba, 30 kinds	15.00	Philippines, 10 kinds	13.00
Denmark, 33 kinds.	9.50	Portugal, 1856-1888, 28 kinds.	5.00
Ecuador, 1865-81, 7 kinds	12.50	Russia, 10 kinds.	3.00
Egypt, 20 kinds.	6.00	Saxony, 1854, 4 kinds	7.00
Finland, 17 kinds	9.00	Spain, 100 kinds.	10.00
France, 50 kinds.	4.50	Straits, 5 kinds .	5.00
French Cols. unpf., 5 kinds	8.50	Sweden, 44 kinds	3.25
N. German Confederation, 15 k	4.50	Transvaal, 3 kinds	3.25
German Empire, large and small shield, 23 kinds.	6.00	Tunis, 4 kinds	10.00
Greece, 20 kinds.	3.50	United States, 1851-88, 16 kinds	4.50
		Venezuela, 16 kinds.	10.00

Postage extra in all Cases

Large Variety Packets

NOTICE. — None of the packets contain fiscal stamps, locals, or cut postcards

		PRICE PAR PACKET		
		Per 1.	Per 3.	Per 12
250 varietes, Europe only		5.00	4.50	4.00
500 » » »		15.00	14.00	13.00
50 » West indies only		7.00	6.00	5.00
100 » » » »		17.00	16.00	15.00
50 » South et Central Américan only		7.00	6.00	5.00
100 » » » »		15.00	14.00	13.00
100 » Asia and Africa only		7.00	6.00	5.00
200 » » » »		17.00	16.00	15.00
200 » Without Europe		10.50	9.50	8.50
300 » » »		14.00	12.00	12.90
400 » » »		27.00	26.00	25.00
300 » With »		7.00	6.00	5.00
500 » » »		12.50	11.00	10.00
750 » » »		22.50	22.00	21.00
1000 » » »		25.00		
1500 » » »		62.50		
2000 » » »		125.00		
3000 » » »		400.00		

Postage extra.

HENRY DE MARTIN

Membre de la Société Française de Timbrologie, de la Société Philatélique, de la Société Timbrophile d'Échanges, etc., etc.

A NARBONNE (France)

PRIX-COURANT
N° 2.

Offre contre argent d'avance, les timbres suivants : ° **signifie neufs**

NUMÉROS	ANNÉES	PAYS	DÉSIGNATION	PRIX
191	1868	Açores	25 rose	0.50
192	1871	»	50 vert	0.75
193	1876	»	300 violet (grande surcharge) . .	3.50
194	1879-80	»	25 viol, 25 gr., 25 bleu-gr. (grande surcharge) les trois	1.25
195	1881	»	50 bleu (grande surcharge) . .	0.75
196	1882	»	2 noir (Açores en surcharge *noire*).	0.15
197	1883	»	150 jaune (petite surcharge). . .	1.25
198	»	»	300 lilas (petite surcharge). .	2.50
199	1867	ALLEMAGNE DU SUD	(Tour et Taxis) 1 kr. v. percé en lignes de couleur	8.»
199 bis	1866-69	AUSTRALIE DU SUD	TEN PENCE sur 9 orange . . .	6.»
199 a	»	»	» » jaune. . .	8.»
200 *	1886-88	Antioquia	10 rose s. cha. et 10 br. s. vert, la p.	1.50
200 bis *	1889	»	5 jaune.	0.40
201	1850-51	Belgique	1 c. vert (non dentelé). . . .	0.30
202	1865	»	Télégraphe, 50 gris. . . .	3.75
203	»	»	» 1 fr. vert . . .	3.75
204	1889	»	25 francs rose et vert	18.»
205	1885	»	2 fr. violet	0.50
206	1869	»	8 c. violet	0.25
207	1867	Bolivie	5 vert	0.30
208	1879	»	20 vert.	0.35
209	1865	Brésil	30 noir (dentelé)	7.50
210	»	»	60 noir »	0.90
211	1878	»	300 bistre jaune.	0.25
212	»	»	1000 violet	0.60
213	1887	»	1000 bleu	0.75
214	1888	»	300 bleu	0.35
215	1879	Bulgarie	1 lev. noir et rouge	0.75
216	1884	»	3 s. 10 rose, 5 s. 30 bist.-bleu, 15 s. 25 bleu, 50 s. 1 lev. rouge, la sér.	4.75
217	1886	»	1 lev. noir et rouge.	0.65
218	1890	»	1 lev. orangé.	0.75
219 *	»	»	1 viol., 2 gris, 3 brun, les trois . .	0.20
220	1882-88	Ceylan	Télégr., 40 s. 50 bleu (*grande surch.*).	0.40
221	»	»	» » » (*petite* »	0.75
222	»	»	Télégraphe, 20/50 bleu, 40/55 bleu, 80/1 r. brique, 20/25 vert, la sér.	2.75
223 *	1874	Cuba	1 peseta rouge	3.50
224	1881	»	20 brun foncé.	0.90
225	1884	»	20 bistre	0.75
226	1890	»	(Alphonse XIII, imp.) 1/2, 1, 2, 3, 4, 8 chair. — La sér. de 6.	0.50

227 •	"	CUBA	id. Isla de Cuba) 1 c. de p. br.	0.15
228	1883–86	COLOMBIE	Télég. 10 r., 20 br., 20 bist. les trois.	0.25
229	1883	"	" 20 brun sur bleuté. . . .	0.20
230	"	"	1 peso rose	1.50
231 •	1886	"	2 c. rouge (effigie de Sucre). . .	0.35
232 •	1873–79	CURACAO	50 violet	1.25
233	1874–79	LA DOMINIQUE	2 1/2 brun rouge	0.35
234	1889	EGYPTE	10 piastres violet	0.85
235	1881	EQUATEUR	20 violet	0.30
236	1879	ESPAGNE	10 pesetas bistre gris	0.40
237	1851	ETATS-UNIS	5 cents brun (non dentelé) . . .	10.»»
238	"	"	10 verts (n. dent.) (2 se ten. = 1.75).	0.80
239	1857–60	"	5 brun rouge clair vif. . . .	13.»»
240	"	"	5 brun rouge foncé vif . . .	12 »»
241	"	"	10 vert.	0.30
242	1870	"	90 carmin	0.40
243	1873	"	(Intérieur), 2 r., 3 r., la paire .	0.20
244	1875	"	7 cents rouge	0.65
245	1885	FINLANDE	1 mark gris et rose)	0.20
246	1852	FRANCE	10 bist. (2 p. se tenant = 1.50 .	1.90
247	1853–60	"	20 bleu *sur vert* (sur moitié d'env.).	2.50
248	1868	"	(Journaux) 2 c. rose	1.50
249	1869	"	(Télég.) 25 rose, 50 vert, 1 f. jaune	
			2 f. violet, la série de 4 . .	1.»»
250	"	"	5 fr. lilas (grand timbre) . . .	0.45
251 •	1871	"	Taxe, 60 jaune bistre	6.»»
252 •	1881	"	Taxe, 1 fr. 2 fr. 5 fr. noir. . .	10.»»
253	"	"	" " " la paire	6.50
254	"	"	Tél.25 bl.,50r.1f.r.3fr.n.lasér.des 4	0.95
255 •	1890	GDE-BRETAGNE	10 carmin et violet	1.50
256	1884	GUADELOUPE	Taxe, 5, 10, 15, 20, 30, 35, 50, la sér. des 7.	6.50
257	1886	GUATAMALA	(PROVISIONAL 1 centavo) sur 1 brun.	0.40
258	"	"	20 vert, 25 jaune, la paire . .	0.75
258 bis •	1879	GUINÉE	40 jaune	0.75
259	1876	GUYANE ANGLAISE	48 brun rouge	3.»»
260	1888	GUYANE FRANÇAISE	(Fév. 1888), 10 sur 75 rose . .	3.50
261 •	1878	HONDURAS RÉPUBLIQUE	1, 2. 1/2, 1, 2, 4, 1 p. la série des 7	1.90
262	1888	HONGRIE	3 florins rouge et or	1.50
262 bis	1889	ITALIE	5 vert, 40 br., 45 gr. vert, 60 viol.	
			1 l. br. s, ch. 5 l. vert et rge, les 6	1.25
262 a	1890	"	20 sur 30 br., 20 s. 50 viol., la paire	0.50
263	1876–88	JAPON	1 v., 2 car., 5 bl. ci., 10 or., 10 bl.	
			15 vert, 15 violet, 25 vert, les 8 .	0.45
264	1879–88	"	50 brun, 50 rose, 1 yen carmin, les 3.	1.85
265 •	1879	LABUAN	16 bleu	1.90
266 •	1879–86	"	2 car., 8 violet, 10 brun, 16 bleu foncé,	
			16 gr. bl., 40 bist., la série des 6.	8.75
267	1889	LEVANT ALLEMAND	10/5 — 20/10 — 1 p. /20 — 1 1/4/25	
			— 2 1/2/50 la série.	1.25
268 •	1889	MARTINIQUE	(MARTINIQUE) en rouge s. 1 noir, Taxe	0.50
269	1868	MADÈRE	25 rose.	0.75
270	1876	"	300 violet	9.»»

271	1858	MAURICE	vert (2 pièces se ten. s. frag. d'en.) .	40.»»
272	1859	»	(déesse assise) 6 bleu	1.95
273	»	»	(p.ef.)2 p.bl.cl.(s.fr.d'env.)(2ᵉchoix)	20.»»
274	»	»	» (1ʳᵉchoix)	25.»»
275	»	»	» (2 ex.s.env.ent.)(1 chois)	50.»»
276	»	»	» » . » (2ᵉ chois)	45.»»
277	»	»	» » » (3ᵉ choix).	40.»»
278 *	1864	MEXIQUE	1 rouge, 2 bleu, 4 brun, 1 pes. noir.	1.25
279	1887	»	6 rouge, 20 rouge, 25 rouge, les 3.	1.25
280	1860	Nlles-GALLES DU-SUD	2 p. bleu	1.»»
280 bis	1849	»	(Vue de Sydney) 1 p. carmin (2 se tenant 50 fr.)	15.»»
280 a	»	»	(Vue de Sydney) 2 p. bleu . . .	28.»»
280 b	»	»	» (vergé)	20.»»
280 c	»	»	» (éventail)	20.»»
280 d	»	»	2 p. ardoise »	20.»»
280 e	»	»	2 p. bleu (perle)	20.»»
280 f	»	»	2 p. b.(perle)sur bl.	20.»»
280 g	»	»	2 p. bleu sur bleuté	
			(2 pièces se tenant)	50.»»
280 h	»	»	(Vue de Sydney) 3 vert . . .	20.»»
280 i	1851	»	(Effig.) 2 p. bl. (étoiles aux angles	20.»»
280 j	1851-53	»	» 6 brun sur azuré . . .	14.»»
280 k	»	»	» 8 jaune sur azuré . . .	60.»»
280 l	1853	»	Registed bleu et rouge, non dentelé.	18.»»
280 m	1856	»	3 vert, non dentelé.	14.»»
281	1889	»	5 sh. violet	2.75
282	1868	PAYS-BAS	(Journaux) 1 cent. noir. . . .	0.50
283	1881	»	(Taxe) 1 gulden rouge et bleu .	0.65
284	1890	»	1 gulden violet	0.35
285 *	1868	PERSE	1,2,4,8, vert,bleu, viol. ou rouge les 4	1.»»
286 *	1881	»	Service, 1 vert et rose, 2 rose et vert, 5 or.et bl. 10 bl. et viol. la sér. des 4	0.95
287	1885	»	10 ch. brun-clair.	0.15
288	»	»	1 kran gris	0.30
289	»	»	5 krans violet	0.50
290 *	1890	PHILIPPINES	(Alphonse XIII) 1/8 brun. . .	0.05
291 *	1887	»	50 m. bistre clair	0.75
292	1882	»	2 4/8 bleu.	0.10
293 *	1890	»	(Alph. XIII),2 rou. 2 4/8 bleu, 5 olive, 5 bl.-gr., 8 v. cl., 10 v. f., la s. des 6.	3.75
294 *	»	»	Tél. 2 4/8 br. 5 bl. 10 lil. 20 v. la s. des 4	3.75
295 *	»	»	Télégr. 2 4/8 brun	0.35
296 *	»	»	Télégr. (armoiries) 1 c. de p. vert.	0.20
297 *	1878	»	(12 c. habitado) en n. ou en bl.s.25 n.	1.75
298 *	1886	»	(Habilit. télégr. 20 c.) s. 2 4/8 bleu	2.50
299 *	1889	»	(Recargo de Consumos 0,02 4/8 habilitado) sur 2 4/8 bleu . .	1.»»
300 *	1889	»	(Recargo de Consumos 0,02 4/8 habilitado) sur 2 rose	1.50
301 *	»	»	(Recargo de Consumos 0,02 4/8 habilitado) sur 2 4/8 brun . .	1.25

oo

302 *	1880	Philippines	(Habilitado para communicaciones 2 4/8) sur 10 v. et s. 1/8 v. la paire.	2.»
303 *	1886	″	(Habil. télégr. Un Cᵛᵒ) sur 2 4/8 bleu.	0.30
304 *	1880	″	(Habil. para commun. 2 4/8) s. 200 v.	3.»
305	1853	Portugal.	(Dona Maria) 5 r. brun	4.50
306	1855	″	(Don Pedro) 5 r. brun	6.»
307	1880	″	150 jaune	0.45
308	1885-87	″	500 n. 500 viol. 1000 n. les 3 ensemb.	5.»
309 *	1880	Puerto-Rico	1/4 v. 1/2 r. 1 br. 2 g. 3 j. 4 n. las. des 6	8.»
310 *	1881	Roumanie	(Taxe) 60 brun	3.»
311	1882-88	St-Christophe	2 1/2 bl. 4 g. 6 vert la série des 3 .	1.»
312	1881	Ste-Lucie	6 p. sur violet.	2.25
313	1885-86	St-Vincent	4 brun violet. 4 br. rouge, la paire.	0.70
314	1880	″	3 p. sur violet	0.60
315 *	1884	Sierra-Leone	1/2 vert	0.10
316 *	1871	Sarawak	2 vi. 3 br. 4 br. 6 v. 8 bl. 12 r. las. d. 6	3.75
317	1887	Siam	64 atts lilas et brun.	2.25
318	1885	Trinité	Taxe, 2 noir	0.85
319	″	″	3 noir	0.75
320	″	″	4 noir	0.85
321	″	″	5 noir	1.75
322	″	″	8 noir	0.65
323	″	″	1, 2, 3, 4, 5, 8, la série des 6.	5.»
323 a	1853	Tasmanie	4 j. avec marge (coupé octog. 1.75.	7.»
323 bis	″	″	4 or. avec marge (coupé octog. 1.75.	10.»
324	1880	″	2 sh. 6 p. (usé provis. à la poste)	10.»
325	1887	Tonga	1 rose 2 violet, 6 bleu 1 sh. vert .	2.»
326	1888	Uruguay	7 c. orange	0.35
327	″	″	20 bistre	0.45
328	1875-76	Wurtemberg	(Tél.) 5 pf. gr., 10 bl., 20 br., 25 viol. 40 bist., 50 car., 4 m. vert, 4 m. bl. 10 m. rouge pâle, la série . .	9.»
329 *	1890	Argentine	1 1/4 en noir sur 12 bleu. . .	0.10
330	1872	Ceylan	24 vert.	0.30
331 *	″	Mexique	6 v., 12 bleu. 25 rge, 50 j., 100 lil. les 5	1.75
332	1884	″	25 vert	0.45
333 *	1876	Pérou	(Télégraphe) 50 brun	0.45
334	1884	Bahamas	5 schillings olive ⎰ les 2 ens. 14 fr.	6.»
335	″	″	1 Pound br. rouge ⎱	10.»
336	1854	Indes Anglais.	4 an. rouge et bleu (coupe carré)	4.»
337	1875	Portugal	300 lilas	0.25
338	1883-89	St-Vincent	2 1/2 s. 1 carm. 2 1/2 s. 1 bl. pâle, la p.	1.25
339	1837-79	Nevis	1 rouge 1 rose, la paire . . .	1.50
340	1888	Natal	1 shilling orange	0.55
341	1885	″	two pence sur 3 gris bleu . .	0.35
342 *	1880-85	Libéria	1 rose, 3 noir. 3 violet, la série des 3.	0.75
343	1889	Zululand	1 p. violet.	0.25

Les prix sont nets. — Les commandes non accompagnées du montant, sont considérées comme nulles. — Au dessous de 10 francs, port et recommandation en sus — Nous acceptons les timbres rares en échange de ceux de nos prix-courants — Toute personne nous faisant une commande de dix francs, reçoit à titre gracieux une *collection de 500 timbres-poste tous différents pour 5 fr. 50* (Port en sus 0 fr. 50).

Henry GREMMEL

85, Nassau Street, 85

NEW-YORK

Marchand de timbres-poste en gros et en détail.

Spécialité de timbres du Mexique, de l'Amérique centrale et de l'Amérique du Sud.

Prix-courant de gros et détail envoyé franco sur demande.

RARETÉS TOUJOURS EN MAGASIN. Envois de feuilles à l'approbation contre dépôt ou référence.

JE RECHERCHE toutes sortes de timbres, mais spécialement les vieilles émissions et raretés; je paie les prix les plus élevés en argent.

Envois à choix et dépôts sont demandés *contre argent ou échange.*

Correspondance recherchée.

Les marchands et collectionneurs de l'Afrique, Asie, Australie, Amérique Centrale, Amérique du Sud et des Indes Occidentales sont priés de m'envoyer pour une valeur de 5 à 10 dollars les nouveaux timbres ou les émissions provisoires qui paraîtront dans leur pays; je les couvrirai de leurs frais par retour du courrier comme suit : 25 0|0 en argent ou 50 0|0 en échange au dessus de la valeur nominale.

Toutes les lettres seront répondues par retour du courrier.

RÉFÉRENCES : Membre de l'American Philatelic Association, de la Ph. Ass. du Canada, de la Nat. Phil. Société de New-York, de la *National Stamp Dealers Ass., etc., etc.*

Je paierai en argent les timbres des E. U. suivants :

1851-6 : 5 c. = 5 fr. ; 1857 : 5 c. rouge-brun = 10 fr. ; 1861 : 5 c. jaune = 7 fr. 50 : 90 c. lilas = 2 fr. 50 ; 1872 : 7 c. 0 fr. 25 ; = 24 c. = 0 fr. 75 ; 1888 : 90 c. violet = 60 fr. le 0/0, etc., etc.

Ancienne Maison Georges CARION et EMDEN
FONDÉE EN 1879

GEORGES CARION
18, Rue des Moines, 18
PARIS

MADAGASCAR DIEGO-SUAREZ	neufs	usés
1890, 15 sur 25 c. lilas.		3.75

MADAGASCAR TAMATAVE

		neufs	usés
1889, 05 sur 10 c. violet			6. » »
» 25 » 40 c. rouge			4. » »
» 05 » 25 c. lilas.			10. » »

TAHITI

		neufs	usés
1882, 25 sur 35 c. jaune		20. » »	25. » »
1884, 05 » 20 c. vert.		6.25	10. » »
» 10 » 20 c. »		8.75	12.50
» 25 » 1 fr. bronze			20. » »

GUADELOUPE

		neufs	usés
Chiffre-taxe. 1877, 25 c. noir		5. » »	5. » »
» » 40 c. »		5. » »	5. » »
» » 15 c. bleu		1.50	1.50
» » 30 c. noir		1.25	1.25
1889, 03 sur 20 c. vert		0.20	0.20
» 15 » 20 c. »		0.40	0.40
» 25 » 20 c. »		0.60	0.60

Les commandes sont expédiées franco au-dessus de 10 francs

ARGENT D'AVANCE

La Maison a été fondée en 1879, et est universellement connue par son honorabilité, le bon marché et la beauté de ses timbres. Elle est à même de fournir aux Collectionneurs qui lui remettront leurs listes de manquants, tous les timbres qu'ils désirent. C'est également une des plus anciennes Maisons d'exportations de Paris ; elle possède de beaux assortiments de timbres en gros à des prix avantageux, dont nous engageons les marchands à profiter.

PRIX-COURANT FRANCO
Correspondance en Français, Anglais, Allemand.

MAISONS RECOMMANDÉES

AXEL SUNDBERG, 18, Sturegatan, Stockholm (Suède).

Envoie sur demande sa liste de prix de timbres Suédois et Norwégiens.

FAUSTINO A. MARTINS, Praça Louis de Camoens, 35, Lisbonne,

Seule Maison possédant le plus riche dépôt de Timbres du Portugal et Colonies.

C. J. KUCHEL, 412, Superior St., Chicago, Ill. (Etats-Unis).

Buys, sells, and exchanges all kinds of Postage stamps.

JOHN EMERY et Cie, 13, Wells St., Grays' Inn. Rd., Londres.

Vente, Achat, Echange. — Correspondance en Français.

L. HUOT, 125, Boulevard Montparnasse, Paris.

Vente, Achat, Echange. — Correspondance en Espagnol, Anglais, Italien et Portugais.

ROBERT LE MOULT, Hambourg. Membre fondateur et Président de la Société Internationale de Timbrologie, à Hambourg.

Offre les Albums "Schwanberger" et "Schaubeck" aux prix originaux, avec 25 0/0 de rabais en Timbres-poste.

EUG. GARGUILO, Banque Impériale Ottomane, Philippopoli.

Grand assortiment de timbres de Bulgarie et Roumélie Orientale.

JEAN KREWING, St-Pétersbourg (Russie).

Echange de timbres-poste et enveloppes russes, contre timbres et enveloppes de tous les pays.

Ancienne Maison Georges CARION & EMDEN, fondée en 1879

GEORGES CARION, 18, RUE DES MOINES, PARIS

Timbres en gros et en détail. — Vente, achat, échange.

(Voir l'annonce détaillée page 35).

R. CAMINO, Collectionneur, 28, rue d'Hauteville, Paris.

Achat de timbres-poste neufs et oblitérés. Échanges avec collectionneurs. *Demande correspondants partout et désire recevoir envois à choix, prix-courants et journaux.* Références.

T. H. HINTON, 5, Paultons Square, Chelsea, Londres S. W.

Maison fondée en 1868. — Timbres-poste et fiscaux en gros et en détail. Vente, Achat, Échange.

RICHARD LAPKE, Leipzig-Lindenau (Saxe).

Prix-courant gratis et franco. — Bas prix.

H. HEATH, 124, Fenchurch st., Londres E. C.

Envoi franco sur demande du prix-courant de détail pour collectionneurs et de celui de gros pour Marchands. Tout le monde devrait les demander. J'achète les collections et les timbres en grandes quantités. Prix élevés sont payés pour les timbres rares.

OTTO SCHULZE, Sidonienstrasse 44 B, Leipzig.

Achat, vente, échange de choses postales.

AGOSTINO DE SIMONE, Naples (Italie).

Assortiment considérable de timbres rares Italiens. — Prix très réduits. — Achat, vente, échange. — Gros et détail.

GUSTAVE GOLDSCHMIEDT, Padova (Italie).

Dépôt de timbres-poste en gros. — Bons envois à choisir à MM. les Collectionneurs.

E. PARANTEAU, 36, rue du Cloître, Bordeaux.

Timbres en gros et en détail. — Correspondance en Français.

OFFRES & DEMANDES

Constantin S. COUTZALEXIS
Collectionneur de Cartes Postales
Place de la Chambre, Athènes (Grèce)

Je désire entrer en relation d'échanges avec collectionneurs du Monde entier. Je demande des envois à choix auxquels je réponds immédiatement par un autre envoi important.
Léon GUIZARD, Conseiller Municipal
Château de Fabrègues (Hérault).

L. John. W. BOTTERN, Nakskov (Danemark). — Désire échange avec coll. avancés.

A. SUNDBERG, 48, Sturegatan, Stockholm
Timbres Suède et Norwège à très bon marché.

Ch. BARRILLOT, *Limalonges, Deux-Sèvres France*— Histoire naturelle, Timbrologie, Numismatique, Armes préhistoriques, etc. Prix réduits.
Le *"Musée Scolaire"* journal de tous les collectionneurs. Abonnements d'un an :
France, 2 fr. 50 — Etranger 3 fr.

J. CHAUMES, 60, rue Victor-Hugo, Talence, Gironde. Vente, achat de timb. nouv. Echange.

Etienne GEORGIEFF, Sofia (Bulgarie).
Offre : Timbres-poste et taxe bulgares ; Bulgarie du Sud surchargés *"Lion"* neufs ou usés.

F. ROUYER, grande rue, Aubusson (Creuse).
Echange avec collectionneurs.

H. W. SCHONEGEVEL, c/o MM. Lennon et Jebb, Cap Town (Cap de bonne Espérance.)
Désire recevoir prix-courants, circulaires d'échange et spécimens de Journaux philatéliques.

Adolphe HOFFMAN, 3, rue Teichman, (Anvers), *Membre de la Société Anversoise de Timbrologie*. — Désire entrer en relations avec collectionneurs et marchands du monde entier.
Les envois à vue sont les bienvenus.
Premières références au Bureau du Journal l'*Echo de la Timbrologie* et ailleurs.

G. HOCKX, 43, rue des Bidillardes, Anvers.
Désire échanger, acheter et vendre.

A. SIMIOU, 70, quai Hôtel-de-Ville, Paris.
Timbres en paquets pour collect. et marchands.

ALEXANDRE fils (Alph. LEVY), 15, rue des Juifs, Paris, Grand Choix de fac-similés. Envois d'échant. contre 1 fr. en timb., port en sus.

R. SCHEIDWEILER, Ratenberg (Allemagne). — Désire des envois en approbat.

A. MARTINIER, 25, Aven. Marine (Tunis) Demande prix-cts pour échang contre tunisiens.
Série 16 Tunis différents 1er et 2e émiss. = 2 fr.

Antonio PEREIRA-VENTURA, 26, rua da Victoria, St-Paulo (Brésil). — Grand assortiment de timbres Américains. Spécialité de timbres du Brésil. — Echange, Vente.

C. C. MORENCY,
Box, 513, Québec (Canada).
— Offre timbres fiscaux du Canada en échange, contre timbres-poste et fiscaux de tous pays.

Je désire faire échanges avec collectionneurs. Spécialité : 4 timbres et 1 enveloppe prov. neufs, Suède ; toutes les cartes de *serr.* usées. Ne réponds aux demandes que si le port pour la réponse est joint.
Eduard CHRISTIANSEN
Gustafsminne, à Morarp (Suède)

Godefroy d'Ez de CHARMOY,
14, r. du Hazard, à Port-Louis (Ile Maurice) Désire entrer en relations d'échange avec collectionneurs et marchands de tous les pays.

Jug. G. CASSUTO, Livorne (Italie)
Désire relations d'échanges dans tous les pays du monde. Affranchissement réciproque.

Fd. AGUIRRE, Calle de Alonso, letra O, à Guanajuato (Mexique). — Offre les timbres *prov.* de 1867, en échange de timbres rares de tous les pays du monde.

CHAFFARD & Cie, 9, rue Pâquis, Genève. Spécialité : fac-similés parfaits et oblitérés (abgestempelte) suisses cantonaux.

C. J. KUCHEL, 412, Superior St-Chicago, U.S. Would request Consignments from dealers against even exchange.

Dr. M. RAMOS, à Pilar de Alagoas, Brésil. Désire recevoir feuilles de timbres-poste et fiscaux à choisir. Il ne sera pas répondu aux envois de timbres communs.

Et. ROELGEN, à Luxembourg, désire entrer en relations avec les collect. du monde entier.

E. SOMMEILLIER, 42, rue Vonck, Bruxelles. Échange timbres et journaux d'Europe contre timbres de tous pays d'outre-mer.

L. HUOT, 125, boulevard Montparnasse, Paris. Achat, vente et échange.

Eugenio H. LUGO
Collectionneur de Timbres-poste
Caracas (Venézuéla)
Désire entrer en relations avec des collectionneurs de tous les pays du Monde, pour l'échange des timbres-poste.

C. INFANTE DA CAMARA, collectionneur, L^o de Cu^{es}, 9, à Porto (Portugal). Échange timbres et cartes, Colonies Portugaises.

Dr Luiz A. PIRES D'ALBUQUERQUE Magistrat à Curityba, prov. de Parana (Brésil). — Collectionneur avancé : demande à recevoir des feuilles de timbres rares et des prix-courants. Prompt paiement par retour du courrier.

Ch. PONCET, 41, r. de Monthoux, Genève. — Désire faire échanges avec collectionneurs d'outre-mer. — Prière de lui faire des offres.

E. JOOS Jr. Schaffhausen (Suisse). — Vend bon marché vieux Suisse et Brésil.

United States stamps of all kind wanted for cash or exchange. Send wholesale and retail price list. **C. B. BOSTWICK**, n° 324, West 46 th. st. New-York (U. S. A.).

Michel D. TOCCOS, Alexandrie (Égypte). -- Collectionneur. — Vente, achat et échange.

T. A. GUERRERO
Condor 28, Santiago (Chili).
A timbres, enveloppes et cartes postales de toutes les émissions du Chili, et timbres de 1 fr. de France (année 1853), pour échanger contre les timbres qu'il désignera.

Roberto H. HONORÉ, Calle Victoria 826, Buenos-Ayres (République-Argentine).— Désire établir des échanges avec Marchands et Collectionneurs. Références de 1er ordre. Ne répond qu'aux envois à choix.

S. BONIJOL, Tranchée de Rive 12, Genève. — Désire prix-courants et journaux.

M. Borresen, Drammen (Norwége). — Spécialité : Scandinavie, Islande et Finlande. Échange de vieux timbres rares de tous pays, contre timbres choisis sur sa liste de prix, envoyée sur demande.

Avelino de C. GODOY, 57, rue Saint-Charles, Campinas, prov. St-Paulo (Brésil). — Désire échanger timbres du Sud-Amérique contre timbres d'autres pays. Demande catalogues et prix-courants.

U. GOLDSCHMIDT, 15 bis, rue Marignan, Paris, achète timbres qui lui manquent.

P. de GERICH, Helsingfors (Finlande). — Désire entrer en relations d'échange.

Lucien HESSE, 6, rue Papère, Marseille.— Collectionneur *avancé*. Désire faire échanges de timbres *rares*. Achète aussi comptant.

Hubert LABOURÉ, Nuits (Côte-d'Or). — Désire envois à choix, *cartés*, en échange.

Alfred BERREWAERTS, Marché aux Grains, 22, à Louvain (Belgique). — Collectionne timbres-poste et télégraphe, timbres sur lettres originales, cartes-postales, cartes-lettres, enveloppes et bandes entières et oblitérées. Désire propositions d'échanges.

Ad. WASSERBURGER, Trèves (Allemagne). — Spéc. Luxembourg. Prix-courant franco.

G. SABLIÈRE DESHAYES, 5, rue de la Fonderie, Oran (Algérie). — Échanges avec collectionneurs. — Exchanges with collectors. — Cambios con coleccionistas.

M. GRANDJEAN, pharmacien, Lausanne. — Désire envois à choix de timb. anciens suisses.

J. J. de SOUSA, rue Paschoal de Mello, 145. 3º D. Lisbonne. — Demande prix-courants de gros et spécimens de journaux.

F. de A. FABREGAS, Diputacion 243, Barcelone. — Echange avec collectionneurs.

P. PESTRE, chez M. Noël, Anduze, Gard (France). — Désire prix-courants pour cartes-postales et spécimens de journaux.

George H. WATSON, 36, Broad st. New-York (Etats-Unis). — Collectionne *seulement* les cartes-postales. Envoie la liste des cartes d'Europe qui lui manquent aux personnes qui en ont à vendre.

E. BODARD, Casilla, 54, Temuco (Chili). — Désire catalogues et offres d'éch. 6000 pièces.

J. MENDES PEREIRO, Fortaleza (Ceara). Brésil. — Dépôt tous timbres du Brésil.

La Société Philatélique **SANTIAGO**, Casilla 1124, Santiago (Chili). — Désire faire des échanges aux collectionneurs de timbres-poste d'autres pays.

Contre offres réciproques, Monsieur Camille Noefnet, Banque Nationale (Caisse de l'Etat) à Soignies (Belgique), se met à la disposition des collectionneurs et marchands de tous pays, pour leur procurer, à la valeur nominale, *sans commission*, argent d'avance, port recommandé en sus, toutes les choses neuves : timbres-poste, télégraphe, fiscaux, enveloppes, cartes, etc., en cours en Belgique.

MINOT, professeur au Caousone à Toulouse (France). — Désire correspondre à l'étranger pour achat et échange de timbres-poste.

Alb. COURRÉGE, Villa-Europe, Arcachon, (Gironde).— Désire recevoir timbres anciens en échange. — Spécialité de timbres du Brésil, Portugal et ses Colonies.

A partir du 1er Novembre, **L. CLAES**, rue de Bruges, 70, Gand (Belgique) envoie 40 timbres tous diff. de Belgique, dont un valant 1 fr. 25 contre 25 timbres d'Outre-Mer.

A. LUMBRESO, chez M. Mossé, Tunis. — Vend timbres Tunisiens à bas prix.

Chr. STORM, Tonset (Norwège). — Offres cartes Norwège neuves, beaucoup de variétés et fautes d'impression.

W. Van DIJK JZN, Kralingen près Rotterdam. — Agent de l'Echo de la Timbrologie. — Achat. — Vente. — Echange.

J. François KOHLER, Rotterdam, Agent of "Métropolitan Philatelist. — Achat. — Vente. — Echange.

C. v. d. HEUVEL BZN, 5, Bolwerk, Rotterdam. — Envoie son prix-courant, gratis et franco sur demande.

Etienne MOONEN, Rotterdam, Agent de "l'Annonce Timbrologique". Vente, échange timbres-poste et taxe Hollande.

B. H. BOUMAN, Nadorstraat, 95. — Rotterdam. — Demande prix-courants et journaux. — Vente. — Achat. — Echange.

J. de LE RETORD, 160, rue de l'Arsenal, Lisbonne. — Demande offres contre timbres de Portugal et Colonies, anciens, cct. et provis.

G. ALVANDOZ, 14, rue Bab-el-Oued, Alger. — Désire prix-courants et journaux timbrol.

L. DELPEUT, 40, rue do Corpo Santo, 1º Lisbonne. — Collectionneur avancé. Achète, échange et vend. Correspondance en français, anglais, espagnol, portugais, allemand et italien.

Félix GONZALÉS, rue Cortès, 244, Barcelone (Espagne). Collectionneur, désire échange.

Émile JOUBERT, à Curaçao, A. N. — Désire faire des échanges.

J. R. Van der LINDE, à Curaçao, A. N.— Agent de l'Echo de la Timbrologie et du Courrier du Timbrophile. — Désire recevoir des feuilles à choix.

L. ARDUIN, 51, Maria Vittoria, Turin. — Collectionne timbres-poste, numismatique, journaux, autographes, estampes, etc. — Vente. — Achat. — Echange.

J. de LÉON, à Curaçao, A. N. — Désire faire des échanges.

L. C. C. HUECK, à Curaçao, A. N. — Désire recevoir des feuilles à choisir.

Lorenzo de WINDT, à Curaçao, A. N. — Désire recevoir des feuilles à choisir.

A. FORTI, timbres-poste, Tunis. Spécialité : Tunis, Malte, Levant Italien.

H. NYS, 31, rue de Berlin, Bruxelles. Achat de Timbres anciens d'Europe, Colonies Anglaises et Nord Amérique.

P. PAUTREMAT, Marchand de timbres, Palais du midi, 12, Bruxelles. — Vente, achat, échange — Bonnes références.

J'envoie 50 timbres d'Europe, tous différents, contre 20 d'outre-mer mêlés. **BECQUET**, 238, rue du Trône, Bruxelles (Belgique).

BAUCHAU, Marchand de timbres Palais du Midi, 4, Bruxelles Vente, achat, échange, bonnes références.

P. NIESSEN, 10, palais du Midi, à Bruxelles, Agent de l'Écho de la Timbrologie — Spécialité de timbres et cartes postales de Belgique. Échange en gros. — Références chez l'Éditeur de l'Annuaire.

InternationalerVerein für Briefmarkenkunden, Hambourg. — Reçoit des Membres. Cotisation : 2 fr. pour un trimestre ; Droit d'entrée 1 fr. 25, payables d'avance. Adresser les demandes à Monsieur **Robert LE MOULT**, à Hambourg.

Vente, achat, échange de timbres-poste, etc. **C. LEDERMANN Jr**, Kleeblattg, 9, Vienne I.

Spécialité de timbres de Tunisie. **Alb. d'Is. GOZLAN**, 11, rue de l'Agba, Tunis

Ch. NEURATH, Taborstr. 27, Vienne II. Désire faire échange de timbres-poste.

Vincente URRUTIA O. à Quito (Équateur). — Offre toutes sortes de timbres de l'Équateur, cartes postales, enveloppes et timbres usés à la poste.

Nicolas RODRIGUEZ ARTETA, à Quito (Équateur). — Vente et échange de toutes sortes de timbres de l'Équateur.

Antonio VEGA, R. Bogota (Colombie). Vente permanente de timbres-poste et télégraphe anciens de Colombie.

Frank'in NIETO G., Bucaramanga, (Colombie). — Collectionneur de timbres-poste. Agence de Journaux.

Magnus ALOT, chez MM. Marcel & Cie, Havre. — Désire consignations d'échanges.

Bernado d'ASSUMPÇAO, Coimbra, (Portugal). — Échange de timbres du Portugal et de ses Colonies.

A. Van WEDDINGEN, 6, rue de la Cuiller, Bruxelles — Demande prix-courants.

Jean JOANNIDHIS, 21, rue Franque, local Cousinery, Smyrne. — Timbres orientaux.

J. VALENTI, r. St-Juan, 30, Tarragona (Espagne). Désire catal., prix-cour. et échanges.

Elie NOYER, Caissier-Comptable à Dieulefit (Drôme France). Demande un numéro spécimen de journaux philatéliques étrangers recevant annonces. — Recherche correspondants Américains pour échange, contre timbres et choses entières de France et Colonies, Monaco et Tunis à prix-réduits. — Notice franco sur demande.

R. LESLIE, 390, Clapham rd, Londres S. W, désire recevoir feuilles de timbres à choix.

J. KREWING, St-Pétersbourg. — Échange timb. et envel. russes contre autres de tous pays.

Joseph BAXERAS, Amargas 3, Barcelone. Achat et échange de timbres-poste.

Henri MATTERN, timbres-poste, 7, place Concordat, Bruxelles. Maison à Buenos-Ayres

Photographie-fac simile de l'enveloppe Mulready usée. — Prix : 1 franc, franco. **T. H. HINTON** 5, Paultons Square, Chelsea, Londres. S. W.

H. HIRSCHENSOHN, Jassy (Roumanie). Échange avec collectionneurs de tous pays.

R. CAMINO, 28, rue d'Hauteville, Paris. Demande correspondants pour échanges.

Adrien DOMON, Ailly-sur-Noye (Somme). 125 timbres français contre 100 étrangers. — Envoie carte-réponse de France à qui m'envoie une étrangère. — Échange cartes, bandes et enveloppes entières de France contre autant d'étrangères. — Corresp. Anglais et Allemand.

J'envoie 50 timbres de Suisse, bien assortis, à qui m'envoie 50 timbres de son pays, bien assortis aussi.
Eugène Ad. Capt.
Orient de l'Orbe (Vaud) Suisse.

R J. NAAMAN, Bagdad (Turquie-d'Asie). Collectionneur de Timbres-poste.

J. RODRIGUES, Bank of Bombay, Bombay. Désire entrer en relations d'échange.

R. de SCHWARTZ, 93, rue du Vanneau, Anvers. — Spécialité d'anciens timbres d'Europe. Vente. Échange. Achat.

R. MARIS, Juge, 27, rue Dennoey, Anvers. Échange timbres usés : enveloppes, cartes et bandes entières et usées.

Edouard HOFFMAN, Trésorier de la Société Anversoise de Timbrologie, 3, rue Teichman, Anvers. — Timbres-poste usée

Denis MEYSTRE, Yverdon (Suisse). Prix-courant gratis et franco. — Achat de bons timbres et de Collections. — Échange avec Marchands et Collectionneurs de tous pays.

A. BLANCHEFORT, Briey (M. et M.). — Désire faire échanges aux prix du cat. Maury.

L. BASTIA, capitaine, 13e Infie, Caserta (Italie). Désire faire des échanges.

Échange réel recherché. **Ed. HORAK**, Mariengasse, 15, Prague (Autriche).

Henri BLAISE, 15, rue Charnel à Épernay (France). Répond à toute demande d'échange de collectionneurs de tous pays.

Frédéric ROUYER, Aubusson (France). — Échange sur feuilles à choix.

Je recherche tous les timbres français et des colonies, le 1 kr. noir de Bavière et les vieux timbres de Bade, Bavière, Suisse et Wartemberg, seulement en beaux exemplaires.
Références dans toutes les banques et agences de renseignements de ma ville.
Je tiens principalement une Maison d'agence et de commission.
M. COHNEN, Strasbourg (Alsace).

Breslauer Briefmarkensamler-Verein, nouvelle Société fondée à Breslau.

H. HEATH, 124, Fenchurch st. Londres, E. C. Marchand de timbres en gros et détail. Prix-courants franco sur demande. Stock important de timbres des colonies anglaises à bon marché.

PIET-LATAUDRIE, 9, Petit-Banc, Niort. Achat et échange bons timbres, fisc. et entiers.

Pant. L. CASTANACHI, Hali Pacha Han, nº 15, Constantinople. Marchand de timbres.

G. APHTHONIDES, Foreign office, le Caire (Égypte). Offre : Égypte, 40 variétés y compris taxes, bandes et enveloppes, pour 5 francs.

Marcel POUGET, 29, rue Millière, à Bordeaux. — Amateur-Marchand depuis 1863. Achat et vente. — Gros et detail.

Joseph EGERT, Innsbruck (Autriche). — Collectionneur de timbres-poste.

Échange cherché avec tout le monde. **Johann FRANK**, Nibelungeng, 4, Vienne I.

F. PROTAT, collectionneur, à Laon. Achète collections, lettres autographes et livres.

H. HERLEMONT, 16, rue Chaudron, Paris. Vente, achat, échange. Désire recevoir prix-courants et offres de timbres, cartes, enveloppes et tout ce qui a rapport à la Timbrologie.

Th. TELLIER
10, Galerie du Commerce, Amiens (Somme)
Désire entrer en relations avec les Collectionneurs pour faire des échanges. — Les envois seront retournés dans la huitaine.

Échange de timbres russes contre d'autres; grand choix. **V. SCHULTZ**, Saïmalkansky, n° 114, Saint-Pétersbourg (Russie).

J. WEISS, Jr. Platz, 10, Brünn (Moravie). Désire échanger avec collectionneurs d'outre-mer.

H.-A. MONCRIEFF, 34, Tierney rd, Streatham Hill, Londres S. W. — Échange timbres des Colonies Anglaises.

J. KISRAOUI & Cie, 18, rue El. Monastiri à Tunis. — Vente de timbres Tunisiens.

G. QUESTE, professeur à Clermont-Ferrand. Échange. Achète bons timbres par 6, 10 ou 12.

Vente, achat, échange de timbres-poste. **A. WEISZ**, Koronaherczeg, Uteza 7, Budapest.

Nicolas AKSIUK, Bureau Philatélique, rue de la Poste, à Odessa (Russie). Vente — Achat — Échange.

Ed. MICHELSON, Mitau (Russie). — Désire faire échanges et recevoir envois à choix.

G. CARION, 18, rue des Moines, Paris. Vente, achat, échange de timbres en gros et en détail. (Voir annonce détaillée, page XXXV).

L. WITTEVEEN, avocat, Anvers (Belgique) Désire entrer en relations avec collectionneurs étrangers pour faire échanges.

L. PITTOORS fils, 3, place Teniers, Anvers Spécialité de cartes postales belges,

Échange ! Échange !
GRÈCE

Pour une carte-postale avec réponse payée de chaque Pays, j'en envoie une de la Grèce. Pour 4 cartes-postales entières et différentes de chaque pays, j'envoie 15 timbres Grecs, tous différents, et pour le double de cartes, j'envoie le double de timbres et timbres-taxe Grecs (bien mêlés, toutes émiss.).
Constantin S. COUTZALEXIS
Place de la Chambre
ATHÈNES (Grèce)

Ernest B UGMANN, 44, Avenue de l'Industrie, Anvers (Belgique), Directeur d'échange de la Société Anversoise de Timbrologie, désire échanges d'outre-mer.

Pierre ROUX, Avenue Auber, Mon Blanchi, Nice (Alpes Maritimes). — Vente, Achat et Échange de timbres-poste ; désire recevoir prix-courants et feuilles à choix. Références : Éditeur de l'Annuaire.

Alex. MULLER, 16, Wolnose, Varsovie (Russie) Wünscht tauschverbindungen mit allen Handlern.

J.-B. STAUDT, Instituteur, Eich (Luxembourg) Collectionneur. — Échange.

V. SCHROEDER, Fleisibergasse, 39, Danzig Échange — Désire journaux et catalogues.

E. PARANTEAU, 36, rue du Cloître, Bordeaux. — Commerçant de timbres en gros et détail. — Achète raretés et collections. — Vend rares, moyens et ordinaires. — Échange au cent et au mille, son stock de communs français, belges, suisses, allemands, autrichiens italiens et anglais contre des sortes d'autres pays. Correspondance en Français seulement.

Jul. WINDEN, Fleischmarkt, 15, Vienne I. Collect et Md. Recherche échange de timbres.

R. PETO, Newsky, N° 20, St-Pétersbourg. Échange avec collectionneurs et marchands.

Ettore RAGOZINO, via Quercia, 24, Naples (Italie). — Grand assortiment de timbres anciens et modernes Italiens. — Désire entrer en relation avec des maisons de gros. Prière d'envoyer catalogues, prix-courants et feuilles de timbres assortis avec 25 à 30 % de commission. — Demande numéros spécimens de journaux. — Réponse et règlement par retour du courrier. Prix très modérés.

Antonino DILIBERTO, "posta", Palerme, (Sicile-Italie). Collectionneur — Achat, vente, échange — Correspondance avec collectionneurs avancés, sollicitée. Échange les timbres italiens contre bons timbres.

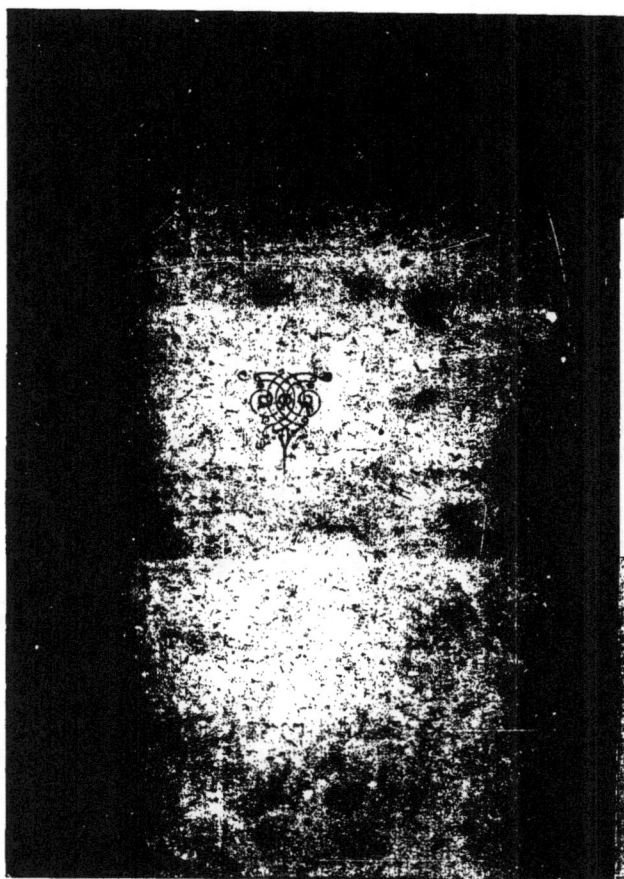

www.ingramcontent.com/pod-product-compliance
Lightning Source LLC
Chambersburg PA
CBHW072016080426
42733CB00010B/1728